TERMINALE BACCALAURÉAT PROFESSIONNEL

Métiers du Commerce et de la Vente

Option A : Animation et gestion de l'espace commercial

Fabien GUIBBAUD

Éditions BERTRAND-LACOSTE
20-28, rue Saint-Germain-l'Auxerrois – 75001 PARIS

SOMMAIRE

Scénario 1 : OUVERTURE DU MAGASIN BIO-ESTHÉTIC

Scénario 2 : LES ACTIVITÉS COMMERCIALES CHEZ LECLERC

Scénario 3 : LE COMMERCE ÉQUITABLE CHEZ ÉTHIQUABLE

Fiches ressources

ISBN : 978-2-7352-2555-2

Présentation de l'ouvrage

Cet ouvrage à destination des classes de Terminale professionnelle **Métiers du commerce et de la vente, Option A : Animation et gestion de l'espace commercial** est bâti autour de **trois scenarii** :

✓ Ouverture du magasin Bio-Esthétic
✓ Activités commerciales chez Leclerc
✓ Le commerce équitable chez Éthiquable

L'ouvrage propose des activités variées en correspondance avec le référentiel. Les élèves sont mis en situation et ont à leur disposition un choix de vidéos, de fichiers, de liens Internet, accessibles par QR-code afin d'en faciliter l'accès.

Chaque scénario possède une structure identique permettant à l'élève de développer progressivement ses savoirs, ses savoirs-faire et ses savoirs être.

SCÉNARIO 1

OUVERTURE DU MAGASIN BIO-ESTHÉTIC

Contexte

Emma Auriol, ancienne vendeuse en parfumerie cosmétiques a le projet d'ouvrir un commerce de cosmétiques bio à Castres dans le Tarn (81).

Son projet est en phase de concrétisation. Le magasin BIO-ESTHÉTIC ouvrira prochainement ses portes. Auparavant, elle doit réaliser certains travaux. Elle vous demande de l'aider dans ses démarches.

Elle a élaboré un dossier où elle s'est documentée sur :
✓ La constitution de l'assortiment grâce au plan d'achat
✓ Les attentes du consommateur
✓ Les produits vendus
✓ Les circuits de distribution
✓ La zone géographique où elle souhaite s'implanter

Elle vous confie plusieurs missions que vous aurez à réaliser en vous aidant de cette documentation, de certains sites Internet, de vos connaissances et des fiches ressources.

Scénario 1 – Ouverture du magasin Bio-Esthétic 9

Un **contexte** immergeant l'apprenant dans un **cadre professionnel** et présentant l'entreprise.

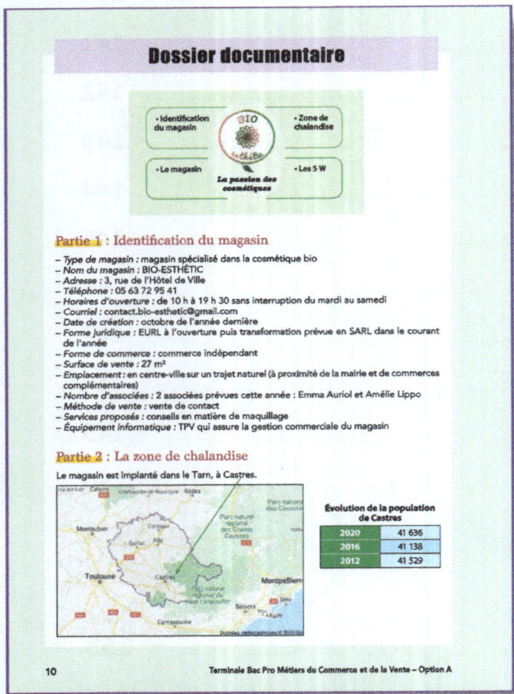

Dossier documentaire

Partie 1 : Identification du magasin

– *Type de magasin* : magasin spécialisé dans la cosmétique bio
– *Nom du magasin* : BIO-ESTHÉTIC
– *Adresse* : 3, rue de l'Hôtel de Ville
– *Téléphone* : 05 63 72 95 41
– *Horaires d'ouverture* : de 10 h à 19 h 30 sans interruption du mardi au samedi
– *Courriel* : contact.bio-esthetic@gmail.com
– *Date de création* : octobre de l'année dernière
– *Forme juridique* : EURL à l'ouverture puis transformation prévue en SARL dans le courant de l'année
– *Forme de commerce* : commerce indépendant
– *Surface de vente* : 27 m²
– *Emplacement* : en centre-ville sur un trajet naturel (à proximité de la mairie et de commerces complémentaires)
– *Nombre d'associées* : 2 associées prévues cette année : Emma Auriol et Amélie Lippo
– *Méthode de vente* : vente de contact
– *Services proposés* : conseils en matière de maquillage
– *Équipement informatique* : TPV qui assure la gestion commerciale du magasin

Partie 2 : La zone de chalandise

Le magasin est implanté dans le Tarn, à Castres.

Évolution de la population de Castres

2020	41 636
2016	41 138
2012	41 529

10 Terminale Bac Pro Métiers du Commerce et de la Vente – Option A

Un **dossier documentaire** complet comportant une fiche d'identification de l'entreprise ainsi que tous les éléments nécessaires au traitement des différentes missions (études de marché, historique et organigramme, zones de chalandise, plans, statistiques, concurrence, politique commerciale...).

Pour terminer, Emma Auriol vous demande :
– d'élaborer le plan de marchéage du magasin,
– de mettre en œuvre une action promotionnelle,
– de modifier la structure juridique du magasin.

Mission 5

L'évolution du marketing mix du magasin

1. ÉLABORER LE PLAN DE MARCHÉAGE

Avant l'ouverture de son magasin, Emma Auriol a conçu un plan de marchéage. Orienté sur quatre domaines, il permet de prendre des décisions stratégiques afin que l'ouverture se déroule dans les meilleures conditions possibles. Ce plan sera à réajuster dans le temps en fonction des événements.

1. À partir des éléments fournis dans le contexte et des éléments abordés lors des missions précédentes, complétez le plan de marchéage du magasin. Consultez au préalable la Fiche 8 : Plan de marchéage.

Document 1 : Le plan de marchéage du magasin BIO-ESTHÉTIC

	Plan produit	Plan prix	Plan distribution	Plan publicité promotion
Caractéristiques de chaque plan				
Impact sur l'image				

2. Précisez l'utilité d'un tel document. ...

3. Est-ce un document figé ou évolutif ? Justifiez votre réponse. ...

Scénario 1 – Ouverture du magasin Bio-Esthétic 39

Des **missions** (cinq par scénario) que l'apprenant doit accomplir afin de développer des compétences dans le conseil client, la vente, les actions de fidélisation, l'animation du point de vente, la gestion des documents commerciaux..., afin de construire une relation durable avec le client.

Il s'aidera pour cela des synthèses en fin de scénario et des fiches ressources en fin d'ouvrage.

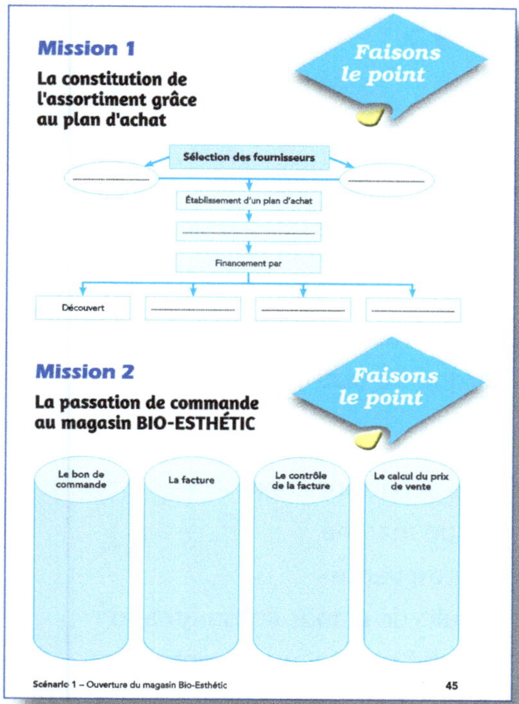

Mission 1

Faisons le point

La constitution de l'assortiment grâce au plan d'achat

Sélection des fournisseurs

Établissement d'un plan d'achat

Financement par

Découvert

Mission 2

Faisons le point

La passation de commande au magasin BIO-ESTHÉTIC

Le bon de commande

La facture

Le contrôle de la facture

Le calcul du prix de vente

Scénario 1 – Ouverture du magasin Bio-Esthétic 45

Des **synthèses** (une par mission) en fin de scénario à remplir par l'élève lui permettront de consolider ses savoirs.

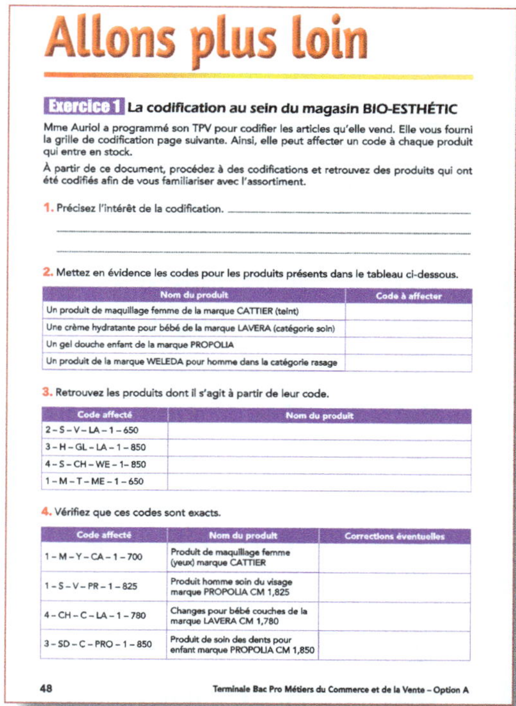

Allons plus loin

Exercice 1 La codification au sein du magasin BIO-ESTHÉTIC

Mme Auriol a programmé son TPV pour codifier les articles qu'elle vend. Elle vous fournit la grille de codification page suivante. Ainsi, elle peut affecter un code à chaque produit qui entre en stock.

À partir de ce document, procédez à des codifications et retrouvez des produits qui ont été codifiés afin de vous familiariser avec l'assortiment.

1. Précisez l'intérêt de la codification.

2. Mettez en évidence les codes pour les produits présents dans le tableau ci-dessous.

Nom du produit	Code à affecter
Un produit de maquillage femme de la marque CATTIER (teint)	
Une crème hydratante pour bébé de la marque LAVERA (catégorie soin)	
Un gel douche enfant de la marque PROPOLIA	
Un produit de la marque WELEDA pour homme dans la catégorie rasage	

3. Retrouvez les produits dont il s'agit à partir de leur code.

Code affecté	Nom du produit
2 – S – V – LA – 1 – 650	
3 – H – GL – LA – 1 – 850	
4 – S – CH – WE – 1 – 850	
1 – M – T – ME – 1 – 650	

4. Vérifiez que ces codes sont exacts.

Code affecté	Nom du produit	Corrections éventuelles
1 – M – Y – CA – 1 – 700	Produit de maquillage femme (yeux) marque CATTIER	
1 – S – V – PR – 1 – 825	Produit homme soin du visage marque PROPOLIA CM 1,825	
4 – CH – C – LA – 1 – 780	Changes pour bébé couches de la marque LAVERA CM 1,780	
3 – SD – C – PRO – 1 – 850	Produit de soin des dents pour enfant marque PROPOLIA CM 1,850	

48 Terminale Bac Pro Métiers du Commerce et de la Vente – Option A

Une rubrique « **Allons plus loin** » propose une série d'exercices permettant à l'élève d'aller plus loin dans ses connaissances et dans le développement de ses compétences.

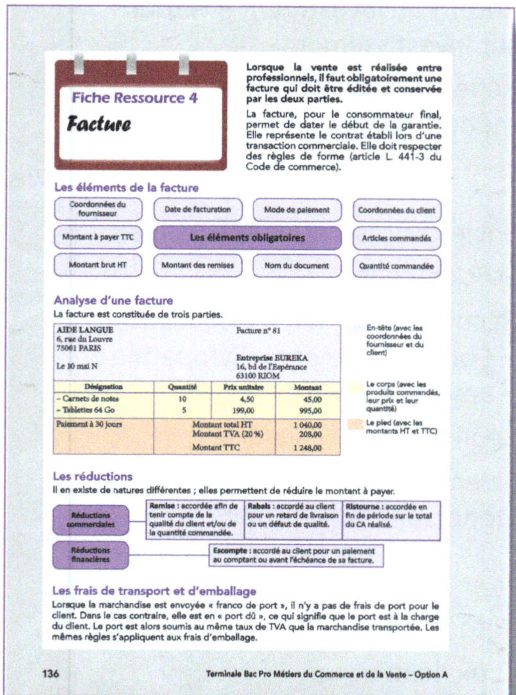

Fiche Ressource 4

Facture

Lorsque la vente est réalisée entre professionnels, il faut obligatoirement une facture qui doit être éditée et conservée par les deux parties.

La facture, pour le consommateur final, permet de dater le début de la garantie. Elle représente le contrat établi lors d'une transaction commerciale. Elle doit respecter des règles de forme (article L. 441-3 du Code de commerce).

Les éléments de la facture

Coordonnées du fournisseur – Date de facturation – Mode de paiement – Coordonnées du client – Montant à payer TTC – Les éléments obligatoires – Articles commandés – Montant brut HT – Montant des remises – Nom du document – Quantité commandée

Analyse d'une facture

La facture est constituée de trois parties.

136 Terminale Bac Pro Métiers du Commerce et de la Vente – Option A

20 fiches ressources en fin d'ouvrage sont proposées à l'apprenant pour asseoir ses connaissances. L'apprenant a aussi accès par QR-code aux 34 fiches ressources du livre de première.

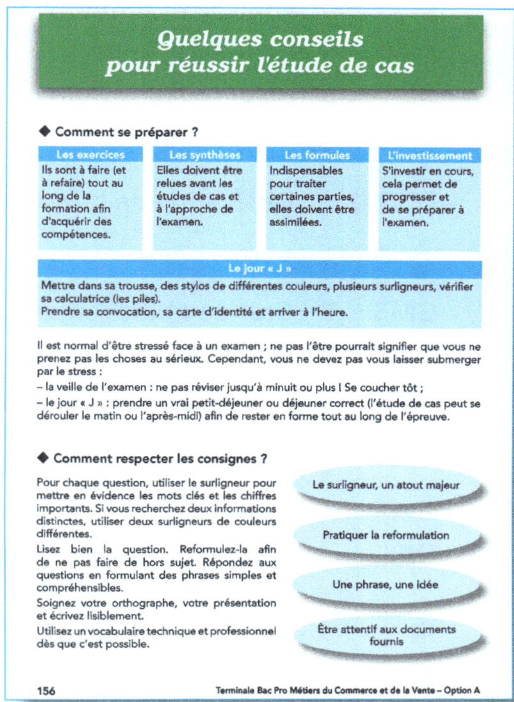

Quelques conseils pour réussir l'étude de cas

◆ Comment se préparer ?

Les exercices: Ils sont à faire (et à refaire) tout au long de la formation afin d'acquérir des compétences.

Les synthèses: Elles doivent être relues avant les études de cas et à l'approche de l'examen.

Les formules: Indispensables pour traiter certaines parties, elles doivent être assimilées.

L'investissement: S'investir en cours, cela permet de progresser et de se préparer à l'examen.

Le jour « J »: Mettre dans sa trousse, des stylos de différentes couleurs, plusieurs surligneurs, vérifier sa calculatrice (les piles). Prendre sa convocation, sa carte d'identité et arriver à l'heure.

◆ Comment respecter les consignes ?

Le surligneur, un atout majeur – Pratiquer la reformulation – Une phrase, une idée – Être attentif aux documents fournis

156 Terminale Bac Pro Métiers du Commerce et de la Vente – Option A

Une **méthodologie** est proposée en fin d'ouvrage afin que l'apprenant appréhende l'épreuve U2 : Analyse et résolution de situations professionnelles. Des conseils sont formulés pour que l'apprenant se présente dans les meilleures conditions à l'examen.

LISTE DES ABRÉVIATIONS

A

A2S	Attirer – Séduire – Satisfaire
AIDA	Attention – Intérêt – Désir – Achat

B

B2B	Business to business
B2C	Business to consumer

C

CA	Chiffre d'affaires
CAP	Caractéristique – Avantage – Preuve
CDD	Contrat à durée déterminée
CDI	Contrat à durée indéterminée
CM	Coefficient multiplicateur
CR	Coefficient de rotation des stocks
CSP	Catégorie socioprofessionnelle
CV	Curriculum vitae
CVS	Coefficient de variation saisonnière

D

DLC	Date limite de consommation
DPHE	Droguerie, parfumerie, hygiène, entretien

E

EAS	Electronic Article Surveillance
EDMP	Enseigne à dominante marque propre (hard discount)
ETP	Équivalent temps plein
EURL	Entreprise unipersonnelle à responsabilité limitée

F

FEVAD	Fédération de la vente à distance

G

GMS	Grande et moyenne surface
GRC	Gestion de la relation client
GSA	Grande surface alimentaire
GSS	Grande surface spécialisée

I

INPI	Institut national de la propriété industrielle
IR	Indice de réalisation
IS	Indice de sensibilité
ISA	Imprimé sans adresse

L

LD	Linéaire développé
LS	Linéaire au sol

M

MB	Marge brute
MDD	Marque de distributeur

P

PA HT	Prix d'achat hors taxe
PDM	Part de marché
PDV	Point de vente
PGC	Produits de grande consommation
PLV	Publicité sur le lieu de vente
PV HT	Prix de vente hors taxe
PV TTC	Prix de vente toutes taxes comprises

R

RFID	Radiofrequency identification
RGPD	Règlement général de protection des données
ROI	Return on investment – retour sur investissement
ROME	Répertoire opérationnel des métiers et des emplois

S

SARL	Société à responsabilité limitée
SM	Stock moyen
SONCASE	Sécurité – Orgueil – Nouveauté – Confort – Argent – Sympathie – Environnement
SRP	Seuil de revente à perte
SWOT	Strengths – Weaknesses – Opportunities – Threats

T

TG	Tête de gondole
TM	Taux de marque
TPV	Terminal point de vente
TVA	Taxe sur la valeur ajoutée

U

UC	Unité commerciale

V

VPC	Vente par correspondance

SCÉNARIO 1

OUVERTURE DU MAGASIN BIO-ESTHÉTIC

Contexte

Emma Auriol, ancienne vendeuse en parfumerie cosmétiques a le projet d'ouvrir un commerce de cosmétiques bio à Castres dans le Tarn (81).

Son projet est en phase de concrétisation. Le magasin BIO-ESTHÉTIC ouvrira prochainement ses portes. Auparavant, elle doit réaliser certains travaux. Elle vous demande de l'aider dans ses démarches.

Elle a élaboré un dossier où elle s'est documentée sur :

✔ La constitution de l'assortiment grâce au plan d'achat
✔ Les attentes du consommateur
✔ Les produits vendus
✔ Les circuits de distribution
✔ La zone géographique où elle souhaite s'implanter

Elle vous confie plusieurs missions que vous aurez à réaliser en vous aidant de cette documentation, de certains sites Internet, de vos connaissances et des fiches ressources.

Dossier documentaire

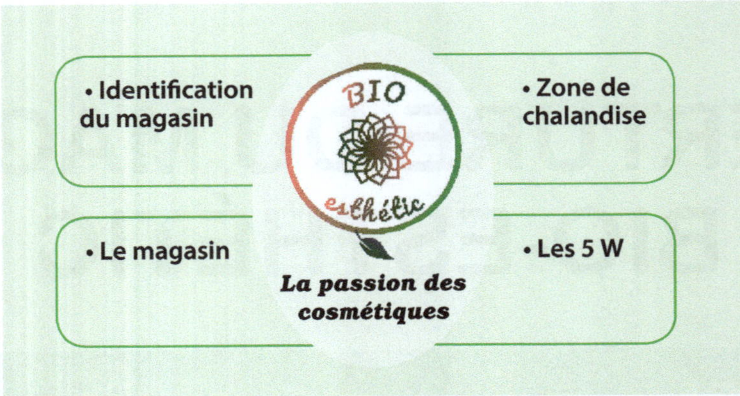

Partie 1 : Identification du magasin

- *Type de magasin :* magasin spécialisé dans la cosmétique bio
- *Nom du magasin :* BIO-ESTHÉTIC
- *Adresse :* 3, rue de l'Hôtel de Ville
- *Téléphone :* 05 63 72 95 41
- *Horaires d'ouverture :* de 10 h à 19 h 30 sans interruption du mardi au samedi
- *Courriel :* contact.bio-esthetic@gmail.com
- *Date de création :* octobre de l'année dernière
- *Forme juridique :* EURL à l'ouverture puis transformation prévue en SARL dans le courant de l'année
- *Forme de commerce :* commerce indépendant
- *Surface de vente :* 27 m²
- *Emplacement :* en centre-ville sur un trajet naturel (à proximité de la mairie et de commerces complémentaires)
- *Nombre d'associées :* 2 associées prévues cette année : Emma Auriol et Amélie Lippo
- *Méthode de vente :* vente de contact
- *Services proposés :* conseils en matière de maquillage
- *Équipement informatique :* TPV qui assure la gestion commerciale du magasin

Partie 2 : La zone de chalandise

Le magasin est implanté dans le Tarn, à Castres.

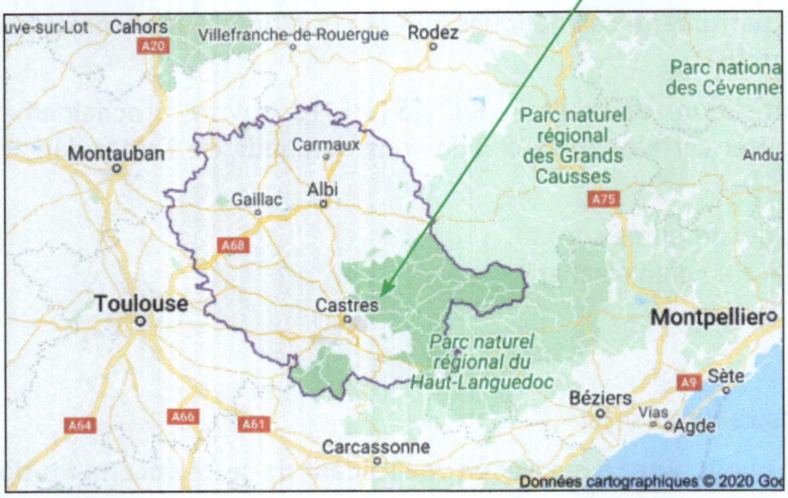

Évolution de la population de Castres

2020	41 636
2016	41 138
2012	41 529

Les atouts de la ville

	Points forts	Points faibles
castres Tarn - France	– Clientèle en général fidèle – La qualité de vie – Cadre naturel et préservé – Population en hausse	– De nombreux commerces ouvrent en périphérie, (Maison du monde, KFC) – Forte concurrence d'Internet ; le commerce de centre-ville en difficulté

Situation géographique du magasin

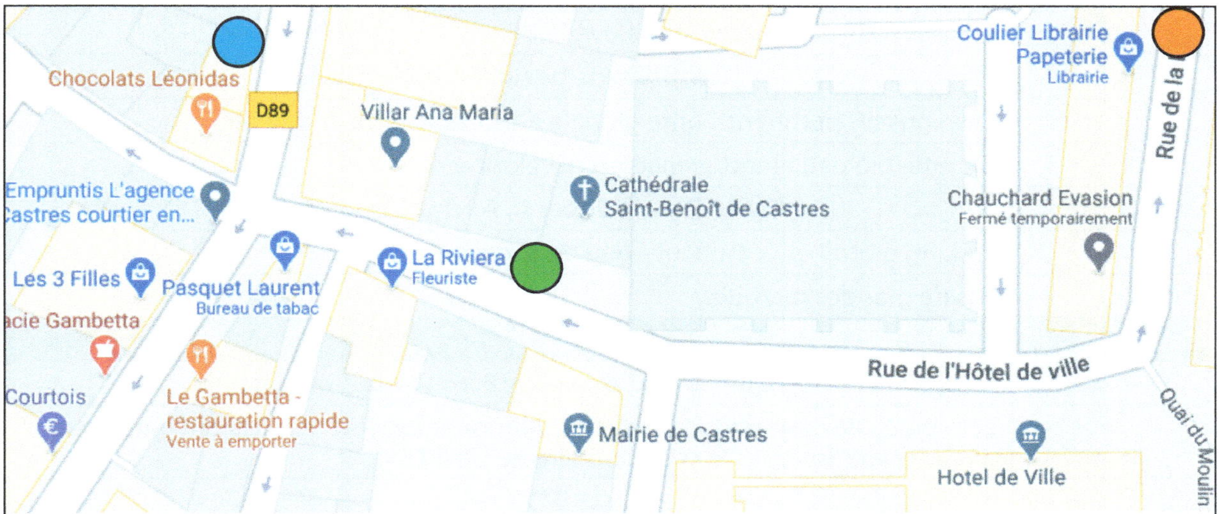

Le magasin Bio-Esthétic · Concurrent L'Herbier · Concurrent La Vie Claire

La zone de chalandise

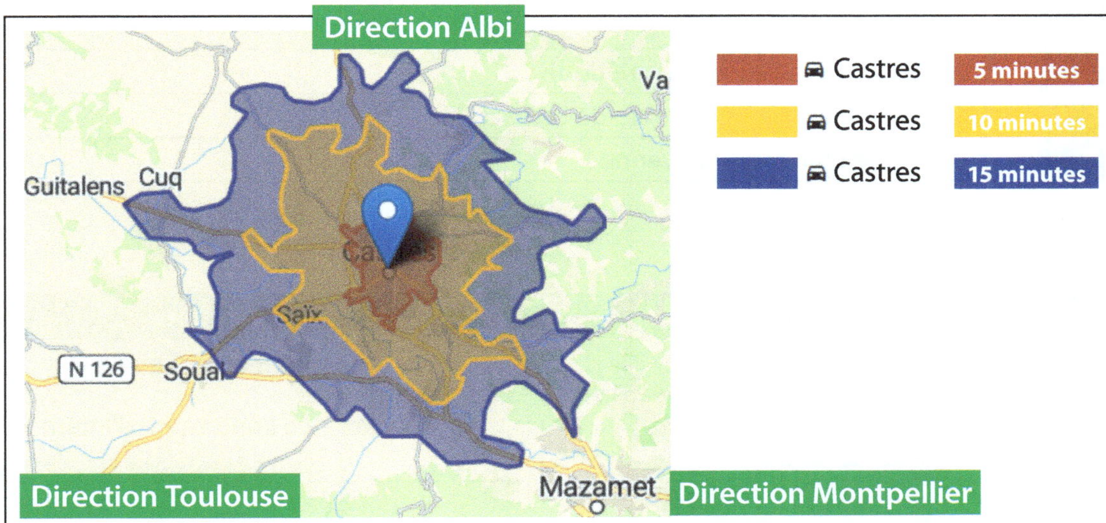

Une zone de chalandise originale car elle est constituée de nombreux clients « hors zone » pour deux raisons :

– L'Est de la zone est sous-équipé en matière commerciale.
– Il n'y a pas de concurrence directe à l'Est et au Sud de la zone.

La concurrence des magasins physiques et d'Internet

La concurrence directe	
	L'Herbier
++	Forte notoriété, assortiment varié, conseils de grande qualité, clientèle très fidèle, magasin implanté dans une rue commerçante très fréquentée
– –	Pas de parking à proximité
La concurrence indirecte	
	La Vie Claire
++	Forte notoriété, offre globale importante, vendeurs très professionnels, excellente image
– –	Magasin difficile d'accès, prix élevés
	Instituts de beauté et pharmacies
++	Des conseils pertinents, offre globale importante (bio et non bio)
– –	Gamme bio peu étendue mais en développement
	GMS (Leclerc, Super U, Auchan, Intermarché)
++	Parking gratuit, prix attractifs, peu de choix
– –	Pas de grandes marques
Internet	
	Mlle Bio, Mondebio.com, Ecco Verde, Sens Nature
	Les ventes de cosmétiques bio se développent fortement ; elles ont enregistré une accélération avec la crise sanitaire du Covid 19.

Partie 3 : La règle des 5 W

What ?	Vente de produits cosmétiques bio dans un contexte où les clients prennent de plus en plus soin d'eux
Why ?	Les clients consomment de plus en plus intelligent ; ils souhaitent se protéger et protéger la planète
Who ?	Emma Auriol, spécialiste du cosmétique
When ?	Ouverture du magasin en octobre de cette année
Where ?	En centre-ville d'une ville moyenne

Partie 4 : Le magasin

	Points forts	Points faibles
BIO esthétic	– Peu de concurrence – Dynamisme de la créatrice – Assortiment complet – Vente conseil	– Stationnement compliqué en centre-ville – Concurrence importante d'Internet

Profil de la clientèle

MOTIVATIONS : Préserver sa santé, préserver l'environnement, des produits plus naturels et plus efficaces

FREINS : Le prix souvent plus élevés que les autres produits, des doutes sur le label bio

Tableau de bord des missions

N° de la mission	Nom de la mission	Objectifs de la mission	Page
1	**La constitution de l'assortiment grâce au plan d'achat**	– Faire le point sur l'assortiment – Sélectionner les futurs fournisseurs – Réaliser le plan d'achat – Réfléchir au financement du stock de départ	14
2	**La passation de commande au magasin BIO-ESTHÉTIC**	– Établir un bon de commande – Concevoir une facture – Contrôler une facture – Déterminer les prix de vente	22
3	**L'implantation des rayons et des produits**	– Analyser le plan du magasin – Mettre en place les facteurs d'ambiance – Analyser un rayon – Participer à la vente d'un produit	27
4	**La création d'un site vitrine**	– Étudier l'apport d'Internet pour un magasin – Créer un site vitrine – Concevoir un support numérique dynamique	33
5	**L'évolution du marketing mix du magasin**	– Élaborer le plan de marchéage – Mettre en œuvre une action promotionnelle – Modifier la structure juridique du magasin	39

Lors de cette mission, après avoir fait le point sur l'assortiment, vous devez :

– sélectionner les futurs fournisseurs,

– réaliser le plan d'achat,

– réfléchir au financement du stock de départ.

Mission 1

La constitution de l'assortiment grâce au plan d'achat

Pour réaliser au mieux cette mission, prenez connaissance de la **Fiche 5 : Assortiment** du livre de première afin de qualifier l'assortiment du futur magasin.

Observez le document 1 ci-dessous puis complétez le document 2 qui suit.

Document 1 : L'assortiment du magasin BIO-ESTHÉTIC

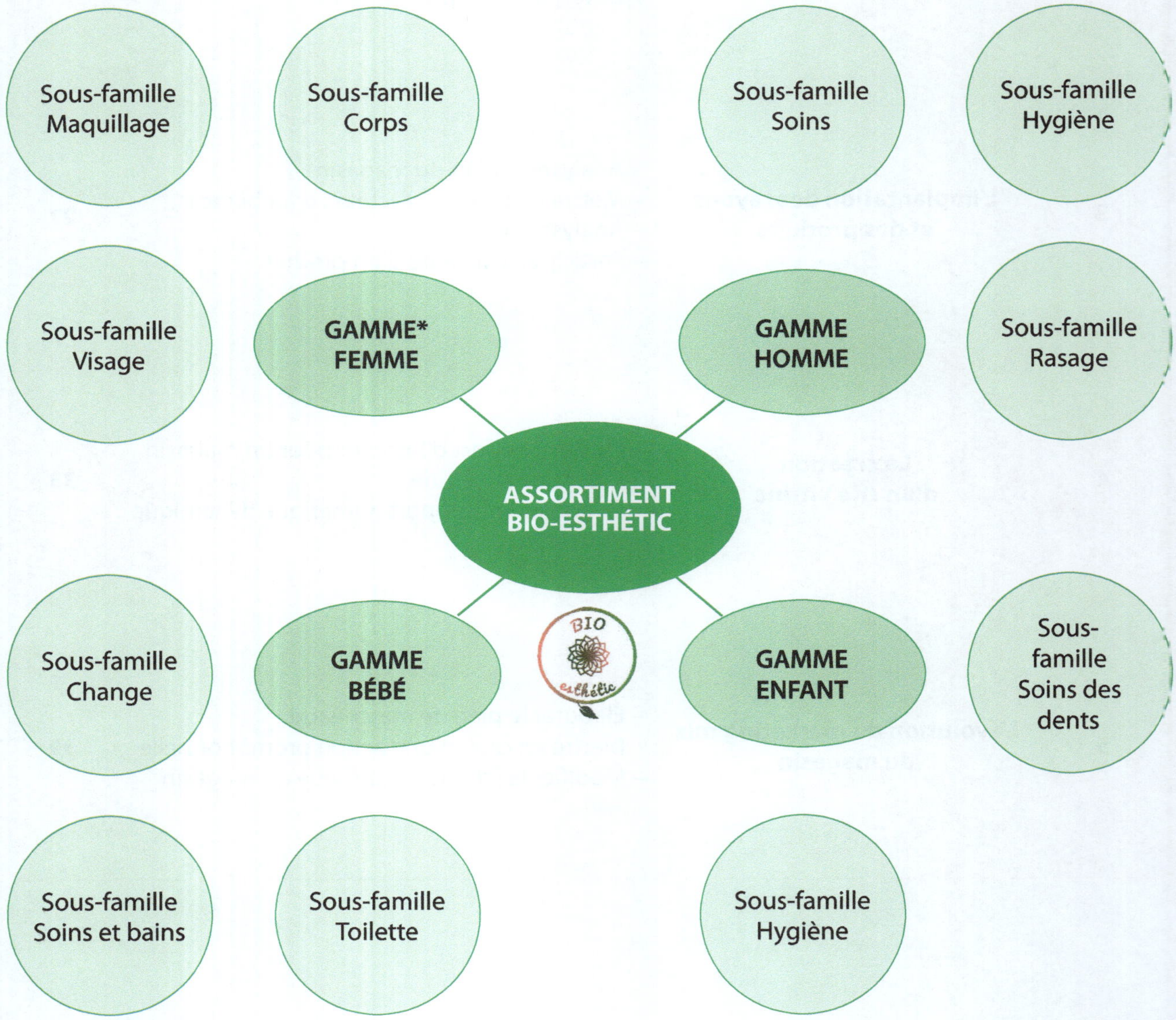

*Gamme ou famille de produits

Document 2 : Analyse de l'assortiment

Caractéristiques de l'assortiment du magasin	
Largeur de l'assortiment	
Profondeur de l'assortiment	
Cohérence de l'assortiment	

1. SÉLECTIONNER LES FUTURS FOURNISSEURS

1 Mme Auriol s'interroge avant de sélectionner ses fournisseurs : Vaut-il mieux pour un produit ou une gamme n'avoir qu'un seul fournisseur ou plusieurs ? Pour répondre à cette question, complétez le document 3 ci-dessous.

Document 3 : Combien de fournisseurs sélectionner ?

	Un fournisseur	Plusieurs fournisseurs
Avantages		
Inconvénients		

2 Emma Auriol a recensé des fournisseurs nationaux et des fournisseurs locaux. Les fournisseurs nationaux ont leur siège social implanté hors Occitanie et les fournisseurs locaux leur siège en Occitanie.

Prenez connaissance du document 4 qui liste les fournisseurs potentiels du futur magasin. Complétez ce dernier en recherchant les informations demandées sur les sites de chacun d'entre eux à partir des QR-codes.

CATTIER	CHANEL	LAVERA	MELVITA	OPPIDUM	PROPOLIA	SO-BIO ETIC	WELEDA
www.bertrand-lacoste.fr/2555-01.html	www.bertrand-lacoste.fr/2555-02.html	www.bertrand-lacoste.fr/2555-03.html	www.bertrand-lacoste.fr/2555-04.html	www.bertrand-lacoste.fr/2555-05.html	www.bertrand-lacoste.fr/2555-06.html	www.bertrand-lacoste.fr/2555-07.html	www.bertrand-lacoste.fr/2555-08.html

Document 4 : Tableau d'analyse des fournisseurs potentiels

	Date de création	Fournisseur*		Gamme*				Labels
		National	Local	Femme	Homme	Enfant	Bébé	
CATTIER								
CHANEL								
LAVERA								
MELVITA								
OPPIDUM								
PROPOLIA								
SO-BIO ÉTIC								
WELEDA								

*Cochez la ou les cases correspondant à votre choix.

3 Précisez dans quel type de magasins les produits de la marque SO-BIO ÉTIC sont distribués ?

....

4 À partir de l'analyse précédente, déterminez :

– Les fournisseurs que vous conservez : ....

....

– Les fournisseurs non retenus : ....

....

2. RÉALISER LE PLAN D'ACHAT

Le magasin a référencé six fournisseurs. Mme Auriol doit passer une ou plusieurs commandes auprès de chacun d'entre eux afin de constituer son stock de départ. Le plan d'achat a été conçu sur tableur pour plus de praticité.

1 En ce qui concerne le fournisseur CATTIER, Mme Auriol vous demande de terminer de compléter le document 5 qui correspond aux achats à réaliser pour la gamme des femmes.

Procédez aux calculs nécessaires et justifiez les calculs pour les cases qui comportent un numéro. Retrouvez, selon le cas, le coefficient de remise ou le taux de remise et le coefficient de frais d'achat ou les frais d'achat en pourcentage. Les résultats auront deux chiffres après la virgule.

Document 5 : Plan d'achat, fournisseur CATTIER (gamme femme)

CATTIER	Quantité	PA HT unitaire brut	PA HT brut total	Taux de remise	Coeff. de remise	PA HT total net	Frais d'achat en %	Coeff. de frais d'achat	Coût d'achat total HT
VISAGE									
Soin rides anti-âge*	10	14,06	(1)	7,00 %	(2)	(3)	2,00 %	(4)	(5)
Soin léger anti-âge léger*	10	14,06	140,60	7,00 %	0,93	130,76	3,00 %	1,03	134,68
Soin ciblé redensifiant*	20	9,67	193,40	3,00 %		187,60	2,00 %		191,35
Brume visage de jour*	10	6,18	61,80	5,00 %		58,71	2,00 %		59,88
Lotion purifiante*	15	3,33	49,95	6,00 %		46,95	2,50 %		48,12
Soin de jour hydratant	12	10,27	123,24	5,00 %		117,08	2,00 %		119,42
Lotion purifiante	10	3,33	33,30	0,00 %		33,30	2,00 %		33,97
Gel crème*	20	3,94	78,80	2,50 %		76,83	3,00 %		79,13
Soin de nuit régénérant*	10	13,21	132,10	4,00 %		126,82	2,00 %		129,36
Lotion micellaire	20	6,33	126,60	2,50 %		123,44	1,00 %		124,67
	Sous total VISAGE								**1 053,96**
Masques									
Masque tissu anti-âge	25	3,61			0,98		2,50 %		
Masque tissu Détox	25	3,61	90,25	2,00 %	0,98	88,45	2,00 %	1,02	90,22
Masque hydratant	25	3,61	90,25	0,00 %	1,00	90,25	2,00 %	1,02	92,06
Masque à l'argile rose	25	2,76	69,00	0,00 %	1,00	69,00	2,00 %	1,02	70,38
Masque à l'argile verte	25	2,76	69,00	2,00 %	0,98	67,62	1,00 %	1,01	68,30
	Sous total MASQUES								**411,62**
Soin des lèvres									
Soin lèvres anti-âge	20	2,39			1,00		1,00 %		
Soin lèvres nourrissant	20	2,39	47,80	0,00 %	1,00	47,80	1,00 %	1,01	48,28
Kit nourrissant	20	3,36	67,20	0,00 %	1,00	67,20	0,00 %	1,00	67,20
Soin cible redensifiant	10	9,67	96,70	4,00 %	0,96	92,83	4,00 %	1,04	96,54
	Sous total SOINS DES LÈVRES								**260,30**

Soin gommage									
Gommage argile blanche	25	3,00	75,00	5,00 %	0,95	71,25	1,50 %	1,015	72,32
Gelée exfoliante	10	7,85	78,50	5,00 %	0,95	74,58	2,50 %	1,025	
	Sous total SOINS GOMMAGE								
Soin contour des yeux									
Soins ciblés	12	9,67	116,04	4,00 %	0,96	111,40	2,00 %	1,02	113,63
Concentré regard	12	8,88	106,56	5,00 %	0,95	101,23	3,50 %	1,035	104,77
	Sous total SOINS CONTOUR DES YEUX								**218,40**
Nettoyants									
Eau démaquillante	12	4,45	53,40		0,99	52,87		1,01	53,40
Démaquillant apaisant	20	5,00	100,00		0,98	98,00		1,01	98,98
Lingettes démaquillantes	20	3,10	62,00		0,97	60,14		1,01	60,74
Savon doux surgras	5	2,39	11,95		0,95	11,35		1,00	11,35
Savon doux alargil	5	2,39	11,95		1,00	11,95		1,00	11,95
Lotion purifiante	12	3,33	39,96		1,00	39,96		1,00	39,96
Lotion apaisante	12	6,03	72,36		0,975	70,55		1,025	72,31
Gel nettoyant rééquilibrant	10	6,64	66,40		0,99	65,74		1,03	67,71
Huile démaquillante	10	7,76	77,60		0,985	76,44		1,00	76,44
Mousse nettoyante	15	5,70	85,50		0,99	84,65		1,00	84,65
	Sous total NETTOYANTS								**577,49**
	TOTAL								(6)

*Produits qui feront l'objet d'une commande supplémentaire après l'ouverture dans les mêmes quantités avec le même taux de remise.

Justification des calculs :

(1) : .... (2) : ....

(3) : .... (4) : ....

(5) : .... (6) : ....

2 Calculez le montant total des commandes à passer auprès des fournisseurs CATTIER, LAVERA et MELVITA. Vérifiez que le montant total des commandes s'élève à 16 114 €. Calculez l'importance des achats du fournisseur CATTIER en pourcentage. Renseignez le document 6. Vous pouvez consulter la **Fiche 1 : Méthodologie : calculs et graphiques**.

Document 6 : Montant du stock de départ

Fournisseur et gammes	Montant en €	Répartition des achats en %	Fournisseur et gammes	Montant en €	Répartition des achats en %
CATTIER	(2)	(3)	OPPIDUM	1323,74	8,21
Gamme femme	(1)		Gamme femme	898,54	
Gamme homme	988,12		Gamme homme	425,20	
Gamme enfant	625,04		Gamme enfant	/	
Gamme bébé	530,02		Gamme bébé	/	
LAVERA		13,62	PROPOLIA	2257,69	14,01
Gamme femme	589,25		Gamme femme	1048,24	
Gamme homme	652,14		Gamme homme	754,25	
Gamme enfant	525,00		Gamme enfant	455,20	
Gamme bébé	428,59		Gamme bébé	/	
MELVITA	(4)	9,61	WELEDA	3974,79	24,67
Gamme femme	(5)		Gamme femme	2452,12	
Gamme homme	652,20		Gamme homme	897,36	
Gamme enfant	/		Gamme enfant	/	
Gamme bébé	/		Gamme bébé	625,31	
TOTAL				(6)	

Calculs à justifier :

(1) : .... (2) : ....

(3) : .... (4) : ....

(5) : .... (6) : ....

3 Réalisez le diagramme circulaire mettant en évidence la répartition en pourcentage des achats à réaliser chez les différents fournisseurs.

3. RÉFLÉCHIR AU FINANCEMENT DU STOCK DE DÉPART

Emma Auriol possède 25 000 € de fonds propres. Une partie l'aidera à ouvrir son commerce. Elle décide de recourir au crédit, en particulier pour financer une partie du stock de départ qui représente une part importante des dépenses à réaliser. Pour financer une partie de ce stock, il existe plusieurs moyens. Elle vous demande de les étudier.

1 Réalisez la répartition en pourcentage des différents frais occasionnés par l'ouverture du magasin puis commentez. Justifiez le premier calcul.

– Calcul à justifier : ……………………………………………………

……………………………………………………

– Commentaire : ……………………………………………………

……………………………………………………

2 Que constatez-vous pour le montant du stock de départ ? Qu'en pensez-vous ?

……………………………………………………

……………………………………………………

……………………………………………………

Document 7 : Extrait du plan de financement

MAGASIN BIO ESTHETIC	Frais de démarrage OCT. N	Répartition en % des frais de démarrage	NOV. N	DÉC. N	JANV. N+1
Stock de départ	16 114		/	/	/
Achat de marchandises	/		4 028	4 028	4 028
Loyer	390		390	390	390
Caution	580		/	/	/
Caisse	3 500		100	100	100
Mobilier	4 600		/	/	/
Publicité	3 500		400	400	400
Publicité d'ouverture	500		/	/	/
Salaire	1 000*		1 000*	1 000*	1 000*
Dépenses courantes	200		200	200	200
Assurance	400		400	400	400
EDF	150		150	150	150
Travaux d'aménagement	2 200		/	/	/
TOTAL	33 134		6 668	6 668	6 668

*La première année, il n'y a pas de charges patronales portant sur les salaires.

3 Prenez connaissance du document 8 puis répondez aux questions qui suivent.

Document 8 : Comment financer son stock ?

Mode de financement	Caractéristiques
Le découvert	Accordé aux clients de confiance par la banque, le taux d'intérêt réduit la marge du commerçant. Cette dernière paie des agios avec un taux de 16 % environ.
L'avance sur stock	Le stock du magasin est gagé, ce qui signifie qu'en cas de difficulté du commerçant, la banque revendra le stock à son profit. Le coût est estimé à 1,5 % l'année avec 200 € environ de frais de dossier.
Le crédit	Le commerçant emprunte une somme d'argent à sa banque pour financer son stock. Le taux d'intérêt actuel est de 6,60 % auquel il faut ajouter 0,12 % de frais divers.
Le Crowdlending	Il s'agit de proposer à des particuliers et/ou des professionnels de financer, via une plateforme sur le net, le stock d'une entreprise grâce à un prêt rémunéré. Le taux varie de 0 à 10 % en général.

a) Mme Auriol souhaite financer 50 % de son stock en utilisant un des quatre moyens énumérés dans le document 8. Pour chacun de ces moyens, mettez en évidence le coût en estimant qu'elle empruntera sur 6 ou 12 mois.

Document 9 : Le financement du stock de départ

Hypothèse 1 : Sur 6 mois	Découvert	Avance sur stock	Crédit	Crowdlending
Détail du calcul				
Hypothèse 2 : Sur 12 mois	**Découvert**	**Avance sur stock**	**Crédit**	**Crowdlending**
Détail du calcul				

b) Quel est le mode de financement le plus attractif pour Mme Auriol ?

....

....

....

Pour cette mission, Emma Auriol vous demande :

– d'établir un bon de commande,
– de concevoir une facture,
– de contrôler une facture,
– de déterminer les prix de vente.

Mission 2

La passation de commande au magasin BIO-ESTHÉTIC

1. ÉTABLIR UN BON DE COMMANDE

1 Prenez connaissance des **Fiches 2 et 3 : Documents commerciaux**. Établissez, à la date du jour, le bon de commande n° 12 du magasin BIO-ESTHÉTIC auprès de son fournisseur CATTIER. Il s'agit d'une commande complémentaire. Les produits commandés correspondent aux soins du visage qui comportent un astérisque dans le document 5 de la mission 1.

Document 1 : Le bon de commande

3 rue de l'Hôtel de Ville 81100 Castres Tél 0563729541	**BON DE COMMANDE N°** .... **Du** .... /....... /....... À : CATTIER 86, rue du Dôme 92100 Boulogne-Billancourt Téléphone : 01 40 46 73 68

Intitulé article	PA HT	Quantité	Taux de remise
Soin rides anti-âge			
Soin léger anti-âge léger			
Soin ciblé redensifiant			
Brume visage de jour			
Lotion purifiante			
Gel crème			
Soin de nuit régénérant			

2 Concevez le courriel que vous adressez à votre fournisseur lors de la passation de commande.
L'adresse mail de CATTIER est : Pierre.Cattier@cattier.com

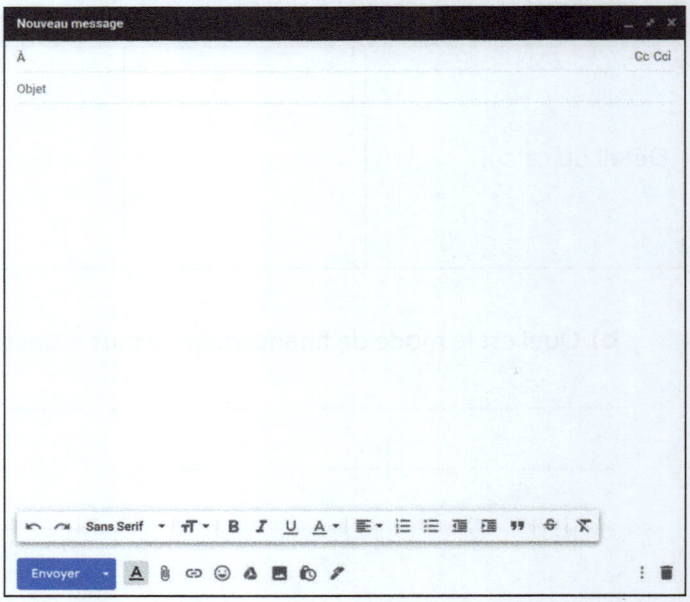

3 Précisez l'intérêt d'un bon de commande.

....

....

....

....

....

2. CONCEVOIR UNE FACTURE

Prenez connaissance de la **Fiche 4 : Facture** puis répondez aux questions ci-dessous.

1 Qu'est-ce qu'une facture ?...

....

2 La facture est-elle obligatoire ? ....

....

3 Concevez la facture que va faire parvenir le fournisseur CATTIER au magasin BIO-ESTHÉTIC suite au bon de commande conçu précédemment.

Document 2 : La facture

CATTIER
PARIS
COSMÉTIQUE & NATURE

FACTURE N° .....

86, rue du Dôme
92100 Boulogne-Billancourt
01 40 46 73 68
RCS Boulogne Billancourt A 408563698
Capital social : 1 005 000 €
N° du bon de commande : ....
Date : ....

À :
BIO-ESTHÉTIC
3 rue de l'Hôtel de Ville
81100 Castres
Tél 05 63 72 95 41

Articles description	Quantité	PA unitaire HT brut	Taux de remise	Remise totale en €	Total net HT

Conditions de livraison : J + 3	**Montant total HT**	
	Montant TVA*	
Règlement : 30 jours fin de mois	**Port****	
	Net à payer TTC	

*Les articles sont soumis au taux de TVA de 20 %. ** Les frais de port de la commande s'élèvent à 2 % du montant total HT.

4 Citez les trois grandes parties d'une facture. Identifiez ces dernières sur la facture précédente.

....

5 Que signifie l'expression « 30 jours fin de mois » ?..

....

3. CONTRÔLER UNE FACTURE

1 Mme Auriol vous demande de contrôler la facture n° 247 (document 3 page suivante) émise par l'entreprise MELVITA qui est un de vos fournisseurs. Refaites certains calculs si nécessaire.

Justification des nouveaux calculs : ....

....

....

2 Complétez le tableau ci-dessous afin de mettre en évidence la circulation du montant de la TVA. Consultez au préalable la **Fiche 5 : TVA**.

	Détail des calculs	Montant
Montant TTC payé par le magasin BIO-ESTHÉTIC		
Montant de TVA payé* par le magasin BIO-ESTHÉTIC à son fournisseur MELVITA (*TVA déductible sur achat)		
Quelle est la destination de ce montant ?		
Cette marchandise est vendue avec un coefficient multiplicateur de 1,70, calcul du CA TTC réalisé		
Montant de la TVA encaissée* par le magasin BIO-ESTHÉTIC (*TVA collectée sur les ventes)		
TVA à payer		

3 Quel est donc le rôle du commerçant en matière de TVA ? ....

....

....

4 Complétez le schéma ci-dessous en utilisant les termes suivants : (1) TVA déductible, (2) TVA collectée, (3) Vente, (4) Collecte la TVA, (5) Paie la TVA et (6) Récupère le montant de la TVA (certains termes pourront être utilisés plusieurs fois). Attribuez un numéro à chaque flèche et à chaque intervenant.

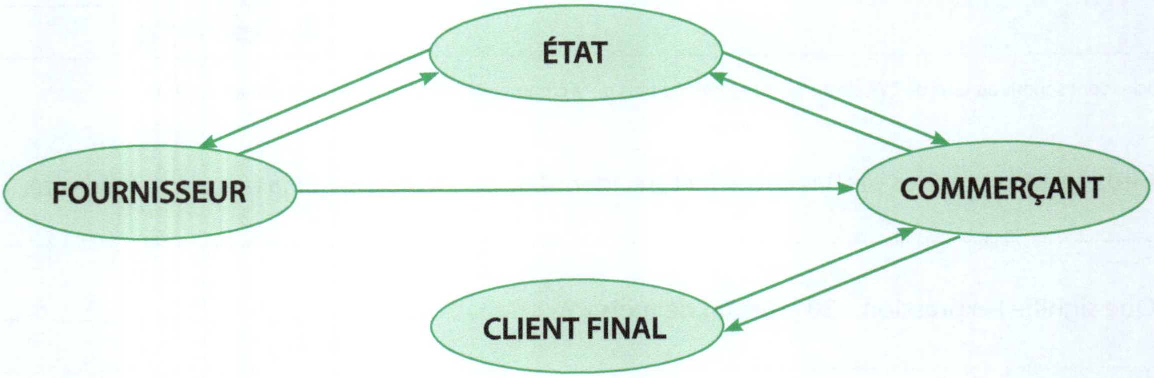

Document 3 : Analyse d'une facture

Melvita
cosmétique bio française depuis 1983

La Fontaine du Cade
4595 route d'Aubenas
07150 LAGORCE
Téléphone : 04 75 89 80 79
Mail : contact@melvita.com

FACTURE

Facture n° 247

Date : ....

Emma AURIOL
BIO-ESTHÉTIC
3, rue de l'Hôtel de Ville
81100 CASTRES
05 63 72 95 41

Vendeur	N° bon de commande	Demandeur	Mode d'expédition	Port	Conditions
M. Chevilliat	N° 12	Mme Auriol	Route	3 % du montant total HT	Escompte de règlement de 1,5 %

Description	Qté	PA HT unitaire	Taux de remise	PA HT net unitaire	Montant total HT
Huile d'argan bio	12	10,00	4 %	10,40	124,80
Huile de Jojoba bio	15	8,79	0 %	8,79	131,85
Huile de coco bio	12	6,97	0 %	6,97	83,64
Huile d'argan bio +	4	21,76	5 %	20,67	82,68
Huile de rosier	12	15,15	5,50 %	14,32	171,84
Huile argan/rose	10	10,90	0 %	10,90	109,00
Huile d'amande bio	10	9,52	2,5 %	9,28	92,80
				SOUS-TOTAL HT	796,61
				FRAIS DE PORT HT	23,90
				MONTANT TVA	164,10
				MONTANT TOTAL TTC	984,61

Veuillez libeller tous les chèques à l'ordre de MELVITA. Pour toute question concernant cette facture, veuillez contacter : M CHEVILLIAT au 04 75 89 80 79 ou à contact@melvita.com

NOUS VOUS REMERCIONS DE VOTRE CONFIANCE.

Melvita
la nature au cœur

4. DÉTERMINER LES PRIX DE VENTE

1 Mme Auriol utilisera un coefficient multiplicateur de 1,70 ; elle se demande si son choix est judicieux. Avant de prendre une décision définitive, elle vous demande de l'aider à compléter le document ci-dessous. Tous les résultats auront deux chiffres après la virgule.

Pour réaliser cette simulation, complétez le document 4. Emma Auriol prend les produits de la gamme Visage de la marque CATTIER du document 5 et qui comportent un astérisque. Consultez les **Fiches 6 et 7** du livre de première.

Document 4 : Calculs de PV TTC

Produits	Coût d'achat total	Quantité	PA HT net	PV TTC	PV HT	MB unitaire	Montant TVA	Taux de marque
Soin ride anti-âge								
Soin léger anti-âge								
Soin ciblé redensifiant								
Brume visage de jour								
Lotion purifiante								
Gel crème								
Soin de nuit régénérant								

2 Que constatez-vous à la suite de ces calculs ? ....

....

3 Comment expliquez-vous ce constat ? ....

....

4 Le montant du coefficient multiplicateur influe sur celui du taux de marque. Plus le CM est élevé, plus le TM l'est aussi. Pour le démontrer vous complétez le document ci-dessous.

Montant du CM	Calcul avec un PA HT de 100 €	Montant du TM
1,15		
1,65		
1,75		
1,85		

5 Que constatez-vous pour la première ligne ? ....

....

Pour cette mission, vous aurez à :

– analyser le plan du magasin,

– mettre en place les facteurs d'ambiance,

– analyser un rayon,

– participer à la vente d'un produit.

Mission 3

L'implantation des rayons et des produits

1. ANALYSER LE PLAN DU MAGASIN

Le magasin sera implanté à proximité de la mairie sur un trajet naturel dans un local qui ne nécessite pas de travaux importants. Il y avait un recoin à gauche de l'entrée qui constituait un angle mort. Il a été supprimé ce qui a permis d'agrandir la réserve. Mme Auriol vous demande de prendre connaissance des documents ci-dessous puis de répondre aux questions qui suivent.

Document 1 : Le plan du futur magasin

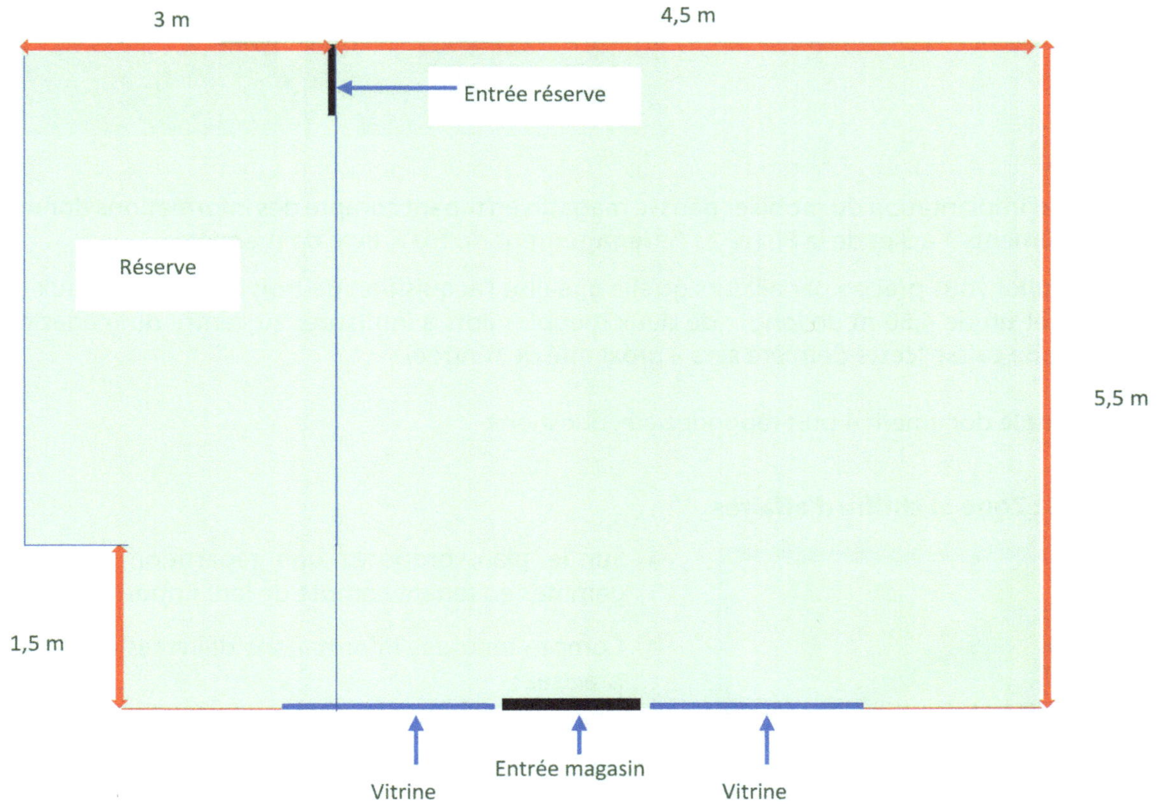

Document 2 : L'enseigne du magasin

L'enseigne du magasin est lumineuse. Jaune sur fond gris et blanc ; elle s'harmonise avec le code couleur du magasin. Sur sa partie gauche, elle est constituée du logo que l'on retrouve sur toute la communication du magasin.

Document 3 : Le style et l'ambiance du futur magasin

Le magasin sera épuré avec une dominante de blanc (plafond, murs) et de beige pour le mobilier notamment. Le mobilier sera en bois et le sol en parquet. Deux îlots seront présents au moins au centre du magasin. Un pour la présentation des produits et un second pour le test des produits dans une ambiance de détente avec des sièges afin que le client puisse prendre son temps.

Les deux photos ne sont qu'indicatives ; elles suggèrent le style du futur magasin. L'assortiment à installer sera constitué de la gamme femme (70 % des produits qui devraient représenter 85 % du CA) ; de la gamme homme (15 % ; 5 % du CA estimé) et de la gamme enfant/bébé (15 % ; 10 % du CA).

1 Réalisez l'implantation du mobilier dans le magasin en tenant compte des informations données dans les documents 1 à 3 et de la **Fiche 2 : Aménagement du PDV**, livre de première.

Mme Auriol vous précise par ailleurs qu'elle a réalisé l'acquisition de trois meubles muraux (deux de 3,50 m et un de 4,50 m de long) ; de deux meubles îlots à implanter au centre du magasin et d'un meuble de caisse (cette dernière sera à proximité de l'entrée).

2 Observez le document 4 puis répondez aux questions.

Document 4 : Zone et chiffre d'affaires

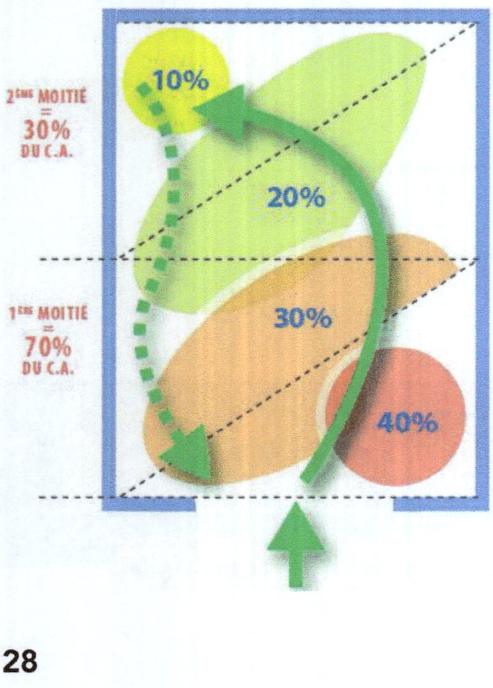

a) Sur le plan, proposez une répartition des différentes gammes en tenant compte de leur importance.

b) Compte tenu des informations délivrées au document 4, précisez :

– La (ou les) gamme(s) à implanter dans la première moitié du magasin ? (justifiez votre choix).

....

....

....

– Quels produits implanteriez-vous dans la seconde partie du magasin pour la dynamiser ?

....

....

2. METTRE EN PLACE LES FACTEURS D'AMBIANCE

Pour répondre aux questions, consultez au préalable la **Fiche 13 : Facteurs d'ambiance** (livre de première).

1 Rappelez les objectifs des facteurs d'ambiance (quatre idées).

....

....

2 Mme Auriol vous demande des conseils en matière de facteurs d'ambiance. Elle souhaite que son magasin soit plus attractif. Pour ce faire, complétez le document 5.

Document 5 : Les facteurs d'ambiance au magasin Bio-Esthétic

Facteurs d'ambiance	Rôle/utilité	Forme du magasin Bio-Esthétic
Façade		
Vitrine		
Code couleur		
Accès		
Éclairage		
Enseigne		
Mobilier		
Sols, murs, plafonds		
Décoration		
Musique		
Écrans, bornes interactives		
Odeurs		
Climatisation/ chauffage		
Signalétique		
Tenue des vendeurs		

3 Quelle sera l'image du futur point de vente ? Argumentez votre réponse.

....

....

....

....

3. ANALYSER UN RAYON

Un élement des meubles muraux sera destiné à l'implantation des produits de la marque CATTIER (document 6). Le fournisseur CATTIER conseille à Mme Auriol de mettre en avant dans la gamme « Soins du corps » deux produits dont les ventes se développent fortement :
– Le gel douche relaxant.
– La gamme des savons.

Document 6 : Étude de l'implantation de deux produits

Photo du produit	Dimensions	N° de la case d'implantation
	CATTIER PARIS COSMÉTIQUE & NATURE	
	Gel douche relaxant tilleul/fleur d'oranger 1 l	
	L : 13 cm H : 23 cm P : 5 cm	Case 5
	Savon* doux végétal 150 g	
	L : 6 cm H : 11 cm P : 3,5 cm	Case 8

*Il y a trois catégories (surgras karité, végétal argimiel et végétal alargil) à implanter dans la même case dans les mêmes proportions.

Pour réaliser ce travail, prenez connaissance de la **Fiche 22 : Marchandisage, observation du produit dans le rayon** (livre de première).

1 Précisez le linéaire au sol et le linéaire développé de ce meuble.

....

....

2 Justifiez le choix d'implantation des deux produits sélectionnés par Mme Auriol.

....

....

....

3 Mettez en évidence les capacités de stockage et les frontales du gel douche et du savon dans le tableau ci-dessous sachant que chaque case a les dimensions suivantes : L : 37 cm, H : 37 cm et P : 39 cm.

Document 7 : Différents calculs de marchandisage de gestion

PRODUITS	Détail des calculs	Capacité de stockage et frontales
Gel douche relaxant tilleul/fleur d'oranger 1 l 		CS du gel :
		Frontale de base : Frontale totale :
Savon doux végétal 150 g 		CS des trois savons : CS d'un seul savon :
		Frontale de base : Frontale totale :

4 Lors de l'ouverture d'un magasin, le fournisseur CATTIER propose actuellement une opération qu'il finance intégralement. Pour l'achat chez le distributeur de deux savons, un troisième au choix est offert. Cette opération est proposée pour les quinze jours qui suivent l'ouverture. Mme Auriol vous demande de la conseiller dans le choix éventuel de cette opération commerciale.

a) Vérifiez que cette opération commerciale respecte la loi.

....

....

....

b) Sachant que le PA HT d'un savon est de 2,25 € et que le CM appliqué sur ce savon sera de 1,70, combien de savons Mme Auriol devra-t-elle vendre pour atteindre l'objectif de marge brute totale sur ce produit qui est de 50 € durant l'opération ? Justifiez vos calculs. Les résultats auront deux chiffres après la virgule.

....

....

....

c) Commentez le résultat obtenu. ....

....

d) Déterminez le coût de l'opération pour le fournisseur CATTIER en PA HT.

....

....

4. PARTICIPER À LA VENTE D'UN PRODUIT

1 Mme Auriol a décidé de réaliser cette opération. Elle vous demande de concevoir un flyer format A5 pour l'annoncer. Consultez le site du fournisseur et retrouvez les produits en suivant le QR-code. À vous de définir au préalable les éléments indispensables qui devront être présents dans le flyer.

www.bertrand-lacoste.fr/2555-09.html

2 À partir du texte ci-dessous, des informations délivrées sur les savons sur le site CATTIER et de vos connaissances, élaborez trois arguments selon la méthode CAP pour mettre en valeur des savons bio.

Document 8 : Le savon : comment et pourquoi ?

Avantage des savons certifiés naturels et bio
Nul besoin de s'étendre sur ce point : les savons certifiés présentent bien entendu les mêmes garanties d'absence de substances douteuses (absence d'huile de palme, de Paraben par exemple) ou non-écologiques que n'importe quel autre cosmétique naturel, et leur fabrication est strictement encadrée et régulièrement auditée. On mentionnera entre autres, l'absence d'EDTA, de colorants et de conservateurs peu recommandables.

Comment choisir un bon savon ?
De façon intrinsèque, un bon savon est un savon qui n'est pas agressif sur la peau, ne contient pas de substances potentiellement allergènes et qui mousse bien. Un bon savon est un savon qui nettoie en douceur et lutte contre le dessèchement de la peau. Un savon qui sèche trop vite, craquelle et devient rapidement dur trahit également une fabrication bâclée. Pour le reste, il ne faut pas hésiter à lire l'étiquette, car comme pour les autres produits cosmétiques, même certifiés, la qualité des matières premières peut grandement varier.

Savon en pain ou liquide ? Le savon en pain reste plus longtemps sur la peau, avant le rinçage et quand il est de qualité, la peau a donc le temps de bénéficier de ses bienfaits.

Le savon, bon pour le visage ? On évitera le savon pour les visages à la peau très sensible et réactive. Mais sinon, et surtout avec des savons bien hydratants, riches en huiles végétales, glycérine et autres actifs présents dans les savons certifiés et/ou fabriqués à froid, la contre-indication n'est pas absolue (même si les laits nettoyants présentent d'autres avantages certains). Il est alors néanmoins important de rincer abondamment les restes de savon après le nettoyage.

Michel Knittel, *Bio linéaires*, 2021.

Consultez la **Fiche n° 4 : Argumentation** (livre de première).

a) Précisez l'utilité de la méthode CAP : ....

....

b) Complétez le tableau ci-dessous pour élaborer les arguments.

Argument	Caractéristiques	Avantages	Preuve
1			
2			
3			

Pour cette mission, Mme Auriol vous demande :

- d'étudier l'apport d'Internet pour un magasin,
- de créer un site vitrine,
- de concevoir un support numérique dynamique.

Mission 4

La création d'un site vitrine

1. ÉTUDIER L'APPORT D'INTERNET POUR UN MAGASIN

Mme Auriol souhaite que son magasin adopte une approche omnicanale. Pour cela, elle réfléchit aux bénéfices de cette démarche et aux outils à mettre en place. Pour y réfléchir, elle vous propose de lire le texte ci-dessous et de répondre aux questions qui suivent.

Document 1 : KIABI, un pionnier de la digitalisation

Kiabi se porte bien. Dans un marché de l'habillement pourtant en crise (le secteur a perdu 10 % de sa valeur en dix ans), le numéro 1 en France maintient ses ventes au global, avec 1,9 milliard d'euros de chiffre d'affaires en 2018 (+ 2,61 %). Ce succès s'explique par la prise en compte de l'omnicanalité dans sa stratégie dès 2000.

« Depuis 2013, les équipes de nos points de vente sont objectivées aussi bien sur le chiffre d'affaires de leur magasin que sur le site marchand de leur zone de chalandise ». Grâce à la carte de fidélité de ses clients, l'enseigne obtient une traçabilité de son chiffre d'affaires sur les différents canaux.

Un outil de clienteling, *développé en interne, a été mis en place lors de l'encaissement. Ce système de cotation, sous forme d'étoiles, permet à la force de vente d'adapter son discours en fonction de la typologie du client (nouveau, fidèle…).*

Le click and collect : un axe central

Kiabi a été la première enseigne à proposer des bornes digitales où la clientèle retrouve l'intégralité de son offre ainsi que l'e-réservation, en 2013. *« Aujourd'hui, nous testons l'e-réservation express. Lorsque la cliente commande un produit, elle peut être livrée en deux heures dans le point de vente le plus proche »*. Toujours pour fluidifier et générer du trafic en magasin, Kiabi installe des consignes automatiques, à l'entrée, pour retirer les commandes réalisées en ligne.

Site web : des évolutions permanentes

La marque, qui a pris le virage de l'e-commerce dès 2000 avec la création d'un site marchand. *« Nous sommes passés de cycles de développement de six semaines à 15 jours. Notre credo est de réaliser de moins en moins de « big bang » de sites, mais d'effectuer des modifications en permanence »*.

M-commerce : le mobile détrône le desktop

« En 2018, plus de 50 % de notre chiffre d'affaires sur le digital a été réalisé sur mobile, observe Cyril Olivier. *Nous sommes plutôt en avance par rapport à nos concurrents. »* 73 % du trafic en France provient des smartphones ».

L'application permet de scanner les articles et de les commander si besoin, de consulter sa carte de fidélité et ses avantages, d'accéder aux promotions… Pour l'heure, le chiffre d'affaires reste plus fort sur l'application que sur le site mobile.

Commerce, 29 juillet 2019.

1 Calculez le chiffre d'affaires du groupe KIABI en 2017 (Calcul à justifier, trois chiffres après la virgule).

....

2 À qui appartient ce groupe ? Quelles autres enseignes possède-t-il ? ....

....

....

....

3 Rappelez ce qu'est l'omnicanalité. ....

....

4 Que signifie l'expression « les équipes de nos points de vente sont objectivées… » ?

....

....

5 Citez les différents outils digitaux utilisés par l'enseigne KIABI. Pour ce faire, complétez la première colonne du tableau ci-dessous. Puis pour chaque outil, précisez ses caractéristiques principales et ses avantages pour le client et l'enseigne. Complétez le document 2 à cet effet.

Document 2 : Les différents outils digitaux utilisés par KIABI

Outil digital	Caractéristiques principales	Intérêt	
		Pour le client	Pour l'enseigne
Clienteling			
Click and Collect			
Bornes digitales			
Site web			
M-Commerce			

6. Que pensez-vous du « clienteling » ?

7. Expliquez comment fonctionne la gestion du site de l'enseigne KIABI. Qu'en pensez-vous ?

8. À l'aide de vos connaissances et des informations reccueillies dans le texte, quels outils digitaux conseillez-vous à Emma Auriol pour son nouveau magasin ?

2. CRÉER UN SITE VITRINE

Avant d'élaborer le site, consultez la **Fiche 6 : Méthodologie : construction d'un site** en scannant le QR-code ci-contre.

www.bertrand-lacoste.fr/2555-10.html

1. Qu'est-ce qu'un site vitrine ?

2. Quels sont les objectifs d'un tel type de site ?

3. Vous cocherez, dans le document ci-dessous, une case dès qu'une activité sera réalisée et vous indiquerez sa date de réalisation.

Document 3 : Tableau des activités à réaliser

Check list à compléter suivant l'avancée du travail	Réalisé	Date
Établir la liste des pages principales		
Lister les pages secondaires (avec les pages principales de rattachement)		
Énumérer les « sous-sous pages »		
Concevoir le logo* du magasin		
Élaborer le slogan* du magasin		
Réaliser un carroussel d'images		
Faire apparaître l'organisation de l'assortiment et quelques produits		
Énumérer les fournisseurs		

Générateur de slogans

www.bertrand-lacoste.fr/2555-11.html

* Vous pouvez vous servir des sites suivants pour les concevoir.

Vous pouvez conserver le logo et le slogan existants ; à votre convenance.

Générateur de logo

www.bertrand-lacoste.fr/2555-12.html

4 Le site sera composé de pages, de sous-pages, de « sous-sous pages » éventuelles. Cette organisation se nomme une arborescence. Elle est identique à celle d'un ordinateur où l'on est susceptible de trouver des dossiers, des fichiers, des sous dossiers…

a) Énumérez les pages principales de votre site (5 minimum).

Page 1 :	Page 4 :
Page 2 :	Page 5 :
Page 3 :	Page 6 :

b) Précisez pour chaque page principale le contenu envisagé.

Intitulé des pages principales	Contenu envisagé
Page 1 : ACCUEIL	Logo, slogan du magasin, nom du magasin, un carroussel
Page 2 :	
Page 3 :	
Page 4 :	
Page 5 :	
Page 6 :	

5 Certaines pages principales comporteront-elles des sous-pages ? Si oui, lesquelles ? Quel sera alors leur contenu ? Pour répondre à cet ensemble de questions, complétez le tableau ci-dessous.

Nom et numéro de la page	Nom de la sous-page	Contenu envisagé

6 La création du site sera réalisée via Google sites. Pour ce faire, vous devez disposer d'une adresse Gmail. Certaines informations seront à récupérer dans le contexte.

a) Connectez-vous sur Google sites.

b) Cliquez sur « Créer un site ».

c) Double-cliquez sur le bandeau « Titre de votre page » ; changez le fond de la page d'accueil, en sélectionnant une image dans la galerie ou sur Internet.

d) Donnez un nom à votre site BIO-ESTHÉTIC et insérez le logo du magasin.

e) Ajoutez sous le bandeau une zone texte où vous notez le slogan du magasin.

f) Sous le slogan, élaborez un carrousel d'images à partir d'images que vous sélectionnez sur Internet et placez le carrousel sur la gauche.

g) À droite du carrousel, créez une zone texte et notez le titre « Actualités ». Insérez dans cette zone texte l'opération commerciale de CATTIER concernant les savons ; ajoutez-y le logo de cette marque.

h) Sous la première actualité, insérez une information sur la carte de fidélité : « Pour toute création d'une carte de fidélité, le magasin vous offre 10 % de réduction sur le montant total de vos premiers achats ».

i) Sous le carrousel, créez une zone texte où vous notez les horaires du magasin.

j) Cliquez sur « Pages » dans le menu de droite.

k) Créez l'arborescence définie en amont, créez les pages et les sous-pages en suivant la procédure de la fiche ressource.

l) Pour le reste du site, vous devrez faire apparaître les produits vendus, les fournisseurs, la situation géographique et l'historique du magasin ainsi qu'une partie contact. Les pages doivent être faciles d'accès, sans fautes, professionnelles et attractives.

m) Pensez à conserver le même style d'écriture et une certaine cohérence pour chaque page.

Document 4 : La page d'accueil du site

3. CONCEVOIR UN SUPPORT NUMÉRIQUE DYNAMIQUE

Emma Auriol souhaiterait mettre en place un support dynamique et moderne au sein de son magasin. Son amie Amélie Lippo lui suggère d'acquérir un écran afin de diffuser du contenu en continu. Il pourrait s'agir de vidéos, de diaporamas dont l'objectif serait de présenter le magasin, de mettre en avant les produits, d'annoncer les promotions, les nouveautés et toute l'actualité du magasin. Ce support pourrait être présent sur le site vitrine et sur les réseaux sociaux. Emma est enthousiasmée par cette idée.

Elle vous demande de concevoir un diaporama ou une vidéo (sur Powerpoint, CANVAN via google…) en respectant les règles d'une vidéo réussie (voir **Fiche 7 : Diaporama**).

Pour ce faire, dans le document 5 :

a) Numérotez les diapositives dans l'ordre qui vous paraît le plus logique.

b) Cochez les cases correspondantes dès qu'un élément est traité.

c) Précisez la date de réalisation de votre travail.

Document 5 : Les qualités d'une vidéo (ou d'un diaporama) réussie

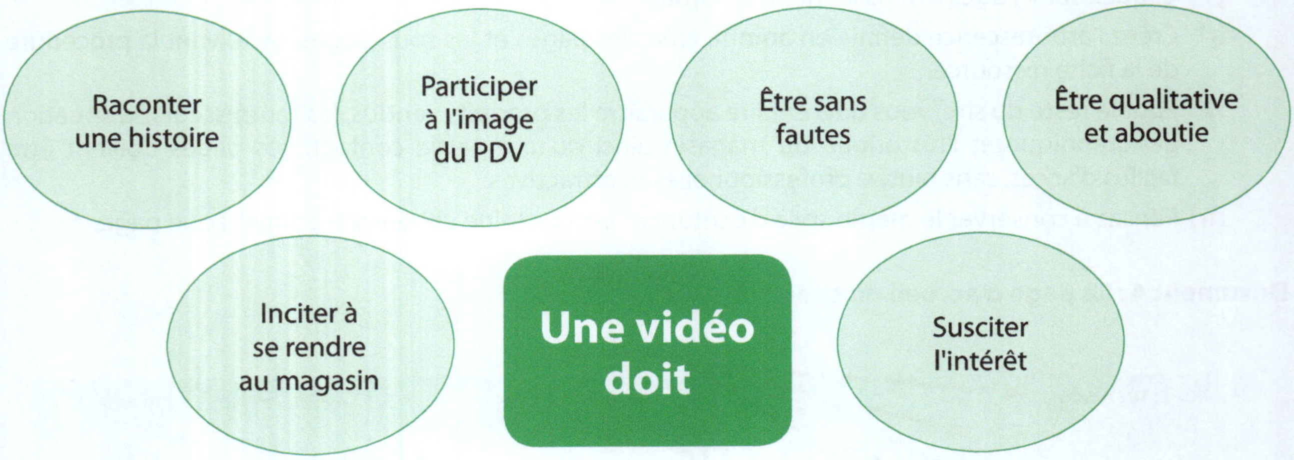

Les éléments à insérer	Ordre d'apparition	Réalisé	Date(s)
Le nom du magasin			
Le logo du magasin			
Les réseaux sociaux			
Les horaires d'ouverture			
Les fournisseurs			
Le nom de la responsable			
La situation géographique			
Des images montrant le magasin (extérieur-intérieur)			
Les atouts de ce magasin			
L'assortiment			
Le slogan			
Partie contact			

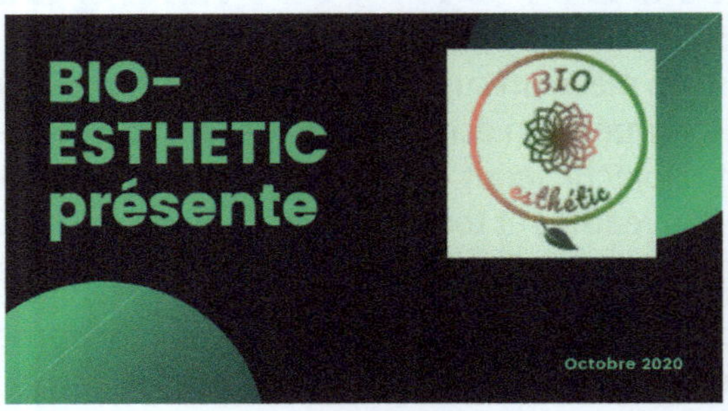

Pour terminer, Emma Auriol vous demande :

– d'élaborer le plan de marchéage du magasin,

– de mettre en œuvre une action promotionnelle,

– de modifier la structure juridique du magasin.

Mission 5

L'évolution du marketing mix du magasin

1. ÉLABORER LE PLAN DE MARCHÉAGE

Avant l'ouverture de son magasin, Emma Auriol a conçu un plan de marchéage. Orienté sur quatre domaines, il permet de prendre des décisions stratégiques afin que l'ouverture se déroule dans les meilleures conditions possibles. Ce plan sera à réajuster dans le temps en fonction des événements.

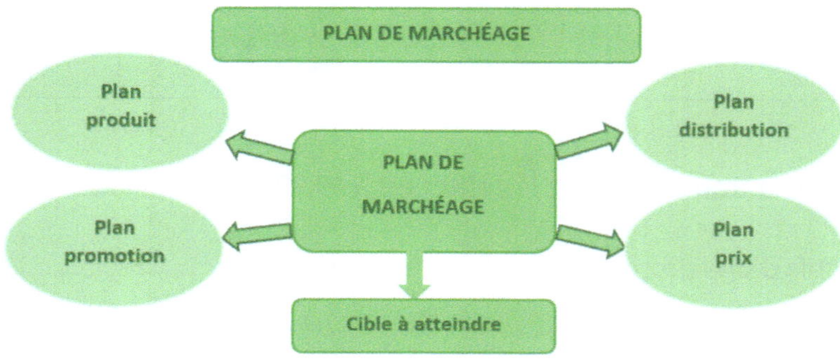

1 À partir des éléments fournis dans le contexte et des éléments abordés lors des missions précédentes, complétez le plan de marchéage du magasin. Consultez au préalable la **Fiche 8 : Plan de marchéage**.

Document 1 : Le plan de marchéage du magasin BIO-ESTHÉTIC

	Plan produit	Plan prix	Plan distribution	Plan publicité promotion
Caractéristiques de chaque plan				
Impact sur l'image				

2 Précisez l'utilité d'un tel document. ....

....

3 Est-ce un document figé ou évolutif ? Justifiez votre réponse. ....

....

2. METTRE EN ŒUVRE UNE ACTION PROMOTIONNELLE

Face au succès de l'opération « Savons » initiée par le fournisseur CATTIER lors de l'ouverture du magasin, Mme Auriol souhaite mettre en place rapidement une nouvelle opération.

Elle a négocié auprès de son fournisseur LAVERA une animation qui portera sur les produits de maquillage. L'opération sera financée par la marque et par le magasin. LAVERA fournira gratuitement une esthéticienne sur deux jours (un vendredi et un samedi sur les deux premières semaines de décembre). À cette occasion, des maquillages gratuits seront proposés à la clientèle, l'animatrice présentera deux coffrets de maquillage avec trois produits au choix de la marque LAVERA (fond de teint, mascara, baume à lèvres, fard à paupières, terre de soleil…).

Pour tout achat d'un coffret, une trousse à toilette sera offerte au client ainsi qu'un bon de réduction à valoir sur un certain montant d'achat de produits de la marque. La valeur du bon d'achat sera prise en charge par le magasin. Consultez la **Fiche 9 : Mesurer les retombées d'une action d'animation**.

lavera NATURKOSMETIK	Valeur de la trousse offerte	Participation du magasin au financement de la trousse	Valeur du bon d'achat offert
Coffret à 39,99 €	11 €	32 % du prix de la trousse	7 € pour 40 € d'achat dans la marque
Coffret à 49,99 €	....	5 € soit 30 % du prix de la trousse	10 € pour 50 € d'achat dans la marque

1 Calculez la valeur de la trousse lorsque le coffret est à 49,99 €. ....

2 Précisez les objectifs d'une promotion ou d'une animation. ....

....

....

3 Énumérez le matériel dont aura besoin l'esthéticienne en dehors de son matériel à maquillage pour mener à bien cette opération commerciale.

....

....

4 De quelles façons Mme Auriol va-t-elle informer sa clientèle de cette opération ?

....

....

5 Indiquez sur le plan du magasin, l'emplacement du stand. Justifiez votre choix.

....

....

6 Concevez l'affiche de l'opération à disposer sur la porte du magasin et à insérer dans le site dans la rubrique « Actualités ». Listez ci-dessous les éléments essentiels qui devront apparaître sur cette affiche.

....

....

....

7 Concevez un mini questionnaire qui sera posé à la clientèle afin de connaître son degré de satisfaction concernant cette animation (5 questions maximum).

....

....

....

....

....

8 Mme Auriol souhaite établir le bilan quantitatif et qualitatif de l'opération.

a) Quelle différence existe-t-il entre ces deux expressions ?

....

....

b) Complétez le document ci-dessous en réalisant les calculs nécessaires.

Document 2 : Évaluation des retombées quantitatives de l'animation (deux chiffres après la virgule)

Bio-Esthétic	Coffret à 39,99 € (tarif client)	Coffret à 49,99 € (tarif client)	Total
Nombre de coffrets vendus	11	8	
Objectifs de vente (en quantité)	12	6	
CA réalisé	(1)		
Indice de réalisation	(2)		
PA HT d'un coffret*	(3)		
MB unitaire	(4)		
Taux de marque	(5)		(6)

* Le coefficient multiplicateur du magasin sur les produits de la marque est de 1,65.

Justification des calculs :

(1) : .... (2) : ....

(3) : .... (4) : ....

(5) : .... (6) : ....

Commentez les résultats obtenus : ....

....

....

9 Le bilan qualitatif. Mme Auriol a interrogé 40 personnes (principalement en face à face) et a obtenu les résultats suivants (sur fond vert) que vous analysez.

Document 3 : Le questionnaire posé à la clientèle à la suite de l'animation

BIO esthétic

La passion du cosmétique

Madame,

Suite à votre venue dans notre magasin, nous souhaiterions connaître votre avis sur l'animation maquillage afin de mieux vous satisfaire. Pouvez-vous nous consacrer quelques instants pour répondre à ce questionnaire ? (Cochez les cases qui correspondent à vos choix.)

1° Que pensez-vous de l'opération maquillage ?

24	9	3	4	0

2° Que pensez-vous des cadeaux ?

21	8	2	9	0

3° Comment jugez-vous le contenu des coffrets ?

25	8	5	2	0

4° Le magasin doit-il selon vous renouveler ce type d'animation ?

Oui ☐ Non ☐

Oui	32	Non	8

5° Quelle note attribuez-vous à cette animation ?

0	1	2	3	4	5	6	7	8	9	10
/	/	2	/	/	2	/	14	12	9	1

a) Que pensez-vous de ce questionnaire ?

....

....

b) Complétez le tableau ci-dessous afin de mettre en évidence le degré de satisfaction de la clientèle. Justifiez les calculs de la première ligne (arrondir à l'entier le plus proche).

....

....

Document 4 : Tableau des résultats de l'enquête par questionnaire (résultats en %)

	Très satisfait	Satisfait	Moyennement satisfait	Insatisfait	Très insatisfait
Question 1					
Question 2					
Question 3					

Question 4	Oui		Non	

Question 5	0	1	2	3	4	5	6	7	8	9	10

c) Quel bilan tirez-vous de l'enquête ?

....

....

10 Concevez un compte rendu mettant en évidence :
- Les points forts de l'opération,
- Les axes d'amélioration,
- Des suggestions afin de rendre les animations plus attractives.

11 Le coefficient multiplicateur utilisé sur les produits de la marque LAVERA est de 1,65 ; mettez en évidence le nouveau coefficient multiplicateur lorsque les clients utiliseront leur bon de réduction. Pour ce faire, complétez le tableau ci-dessous. Les résultats auront deux chiffres après la virgule.

Document 5 : Évaluation de la rentabilité des bons de réduction

	Panier du client 50 €		Panier du client 40 €	
	Analyse sans le bon de réduction	Analyse avec un bon de 7 €	Analyse sans le bon de réduction	Analyse avec un bon de 10 €
Prix payé par le client				
PA HT				
CM	1,650		1,650	
PV HT				
MB unitaire				
Taux de marque				

12 Commentez les résultats obtenus. ....

....

3. MODIFIER LA STRUCTURE JURIDIQUE DU MAGASIN

Emma Auriol, après quelques mois de fonctionnement, souhaite s'associer avec son amie Amélie Lippo. Cette association est stratégique ; il s'agit d'exploiter les points forts de chacune d'entre elles. En effet, les deux femmes sont complémentaires. L'une est une gestionnaire et une vendeuse possédant une excellente connaissance des produits et l'autre possède de réelles compétences en commerce et en informatique. C'est elle qui va notamment faire évoluer le site vitrine en le transformant en site marchand. À l'heure du client omnicanal, il est indispensable que le magasin soit interconnecté.

Elles souhaitent faire évoluer l'EURL en SARL. Prenez connaissance du document (voir QR-code ci-contre) puis répondez aux interrogations de ces dernières.

www.bertrand-lacoste.fr/2555-13.html

La SARL, le meilleur statut ?

1. Précisez la signification du sigle SARL. ....

2. Est-il possible de transformer l'EURL en SARL ? Justifez votre réponse. ....

....

3. Énumérez les avantages de la SARL (trois réponses). ....

....

4. Expliquez les deux premiers avantages présents dans le document.

....

....

5. Emma Auriol aura 51 % du capital social et Amélie Lippo 49 %. Pour quelles raisons selon vous ?

....

....

6. Complétez le tableau ci-dessous qui concerne les apports de chaque associée.

	Apport en numéraire	Apport en nature	Apport en industrie
Emma Auriol	5 000 €	5 200 €	2 550 €
Amélie Lippo	7 250 €	/	5 000 €
Caractéristiques* www.bertrand-lacoste.fr/2555-14.html			

*Recherchez ces caractéristiques dans le document en utilisant le QR-code.

Mission 1

Faisons le point

La constitution de l'assortiment grâce au plan d'achat

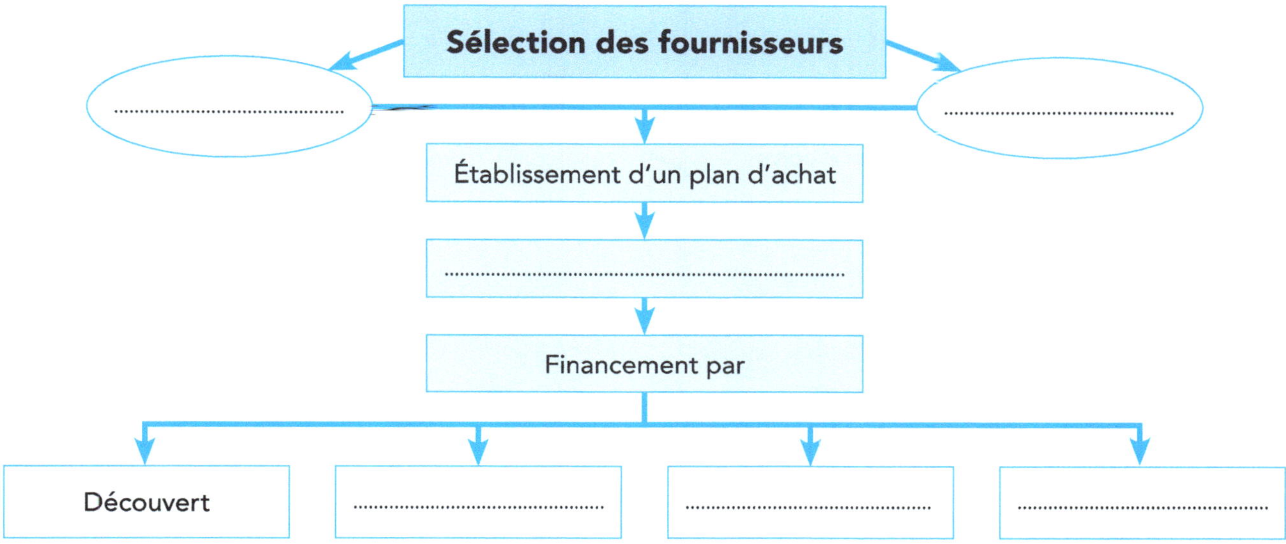

Mission 2

Faisons le point

La passation de commande au magasin BIO-ESTHÉTIC

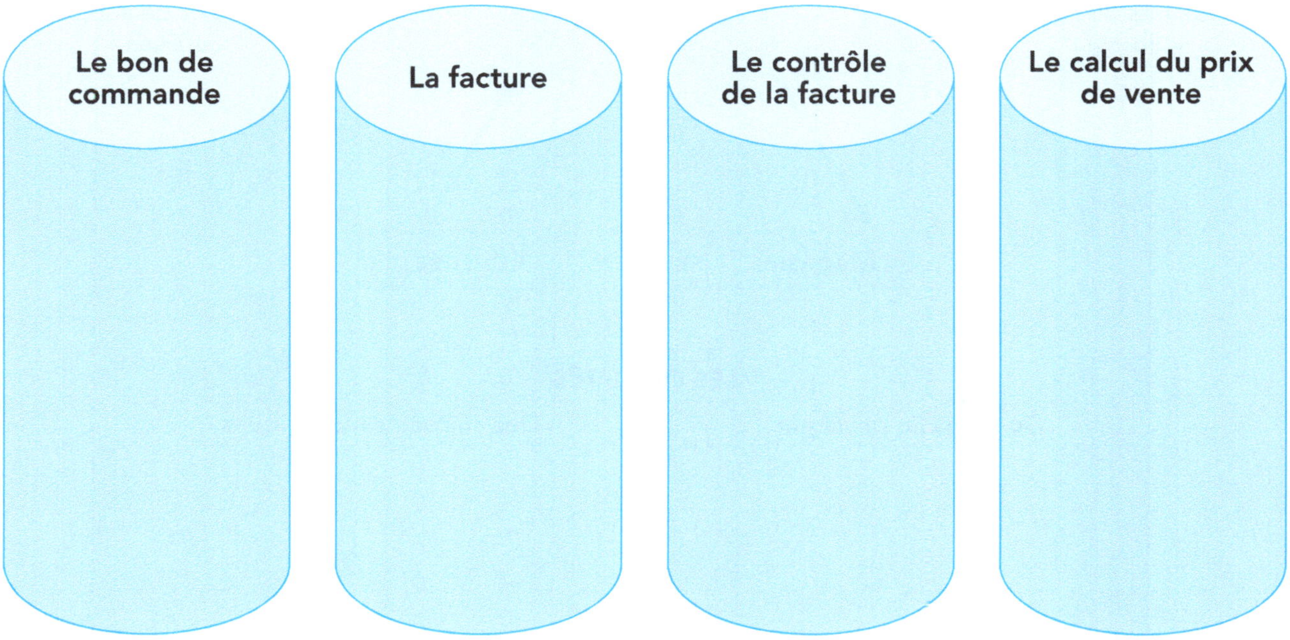

Mission 3

Faisons le point

L'implantation des rayons et des produits

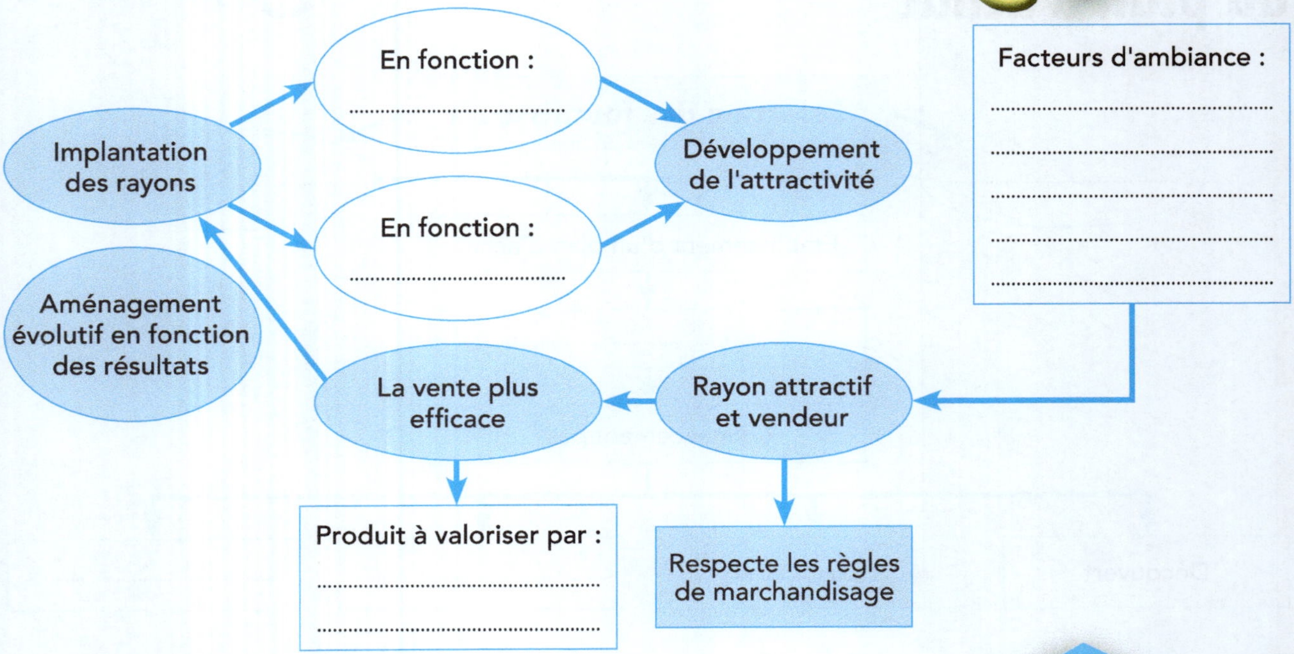

Mission 4

Faisons le point

La création d'un site vitrine

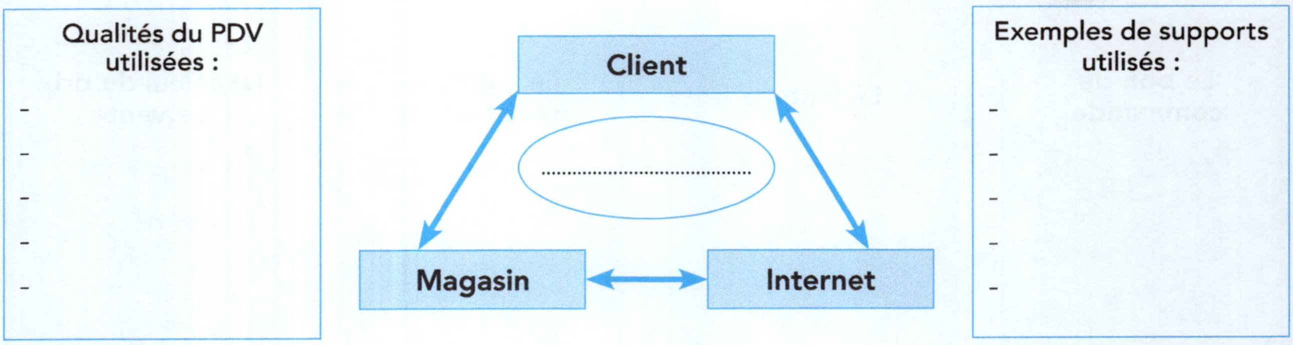

LES QUALITÉS	
Du magasin physique	Des supports numériques

Mission 5

L'évolution du marketing mix du magasin

Faisons le point

Le plan de marchéage

Le plan produit

– Le produit (caractéristiques, fonctions…)

– L'assortiment (gammes, familles, sous familles…)

– Design

– SAV

Le plan ....

–

–

–

–

Le plan distribution

–

–

–

–

Le plan ....

– Les promotions (animations, mise en scène du produit)

– La publicité (message, médias…)

– La communi-cation

Objectifs d'une promotion → Comment mesurer les retombées ?

G	Û	Y	Ü	P	I	A	N	V	Î	Ü	E	Ë	U	T	B	B	I	Î	P	V	Ç	Â	Ê	N	N	V	N	Ï
D	Ù	H	B	Ü	Ù	U	T	F	L	N	Û	T	Ë	Ç	Î	Œ	T	A	I	J	I	F	R	F	W	T	G	Ë
S	Ï	Ü	V	O	À	È	V	B	I	Â	G	Ï	D	Ê	È	À	É	B	W	Œ	K	K	K	Y	N	M	Ë	Q
Z	Â	X	G	Q	Â	Q	Ü	R	H	À	L	Q	A	Œ	È	E	J	Â	Œ	Œ	C	G	T	È	N	T	D	E
Î	I	Z	H	J	S	È	T	O	S	D	L	Ç	U	D	T	K	L	D	Û	À	Û	È	V	Ë	Î	R	Û	E
F	P	Ë	Z	W	D	I	É	I	É	Ç	P	Œ	R	Î	D	C	Ê	V	Z	B	F	Y	Œ	D	Œ	B	G	K
K	X	M	J	U	V	T	Â	B	O	J	R	É	K	X	K	F	Ü	Q	F	É	A	O	X	È	È	A	P	S
V	M	E	I		W	Ü	N	É	I	Î	X	O	J	Â	K	Z	L	J	Â	Y	H	R	F	Œ	É	Ë	È	Ü
T	Z	U	E	O	J	Y	Œ	K	Ï	E	A	Â	R	X	O	B	D	F	I	F	B	W	À	H	O	F	Ç	T
À	Î	T	R	Z	Ë	Ü	M	Ç	Ç	È	À	Â	C	I	À	Ï	Ù	Œ	À	I	Y	D	C	Z	A	Î	U	A
Z	I	Û	Â	N	R	Ç	K	Â	B	U	T	F	W	B	N	S	B	B	R	Î	Û	R	Ù	Ê	Â	S	B	J
S	Y	Â	U	X	H	Z	X	V	Ï	Z	Ü	Ï	Q	M	C	W	M	I	Ù	Ç	A	E	W	Î	F	I	Î	N
E	À	À	A	È	M	J	K	Ù	H	Ë	F	G	É	G	H	Œ	Â	O	À	M	É	W	O	À	I	Ù	C	G
Û	Û	H	Q	S	C	Ç	Q	U	Z	E	Ç	O	Q	Ë	R	E	N			Â	Ê	X	R	Q	O	G	N	Ç
N	Â	I	È	Q	P	I	Ç	J	Ü	D	À	L	D	O	W	P	Q	E	Ç	B	N	Ë	J	E	À	È	J	Ü
M	D	U	Ü	D	É	K	S	Â	M	O	S	C	A	D	D	Â	D	S	F	A	Y	M	J	U	Q	A	Ë	N
F	À	Ù	V	À	V	A	B	S	B	E	X	Œ	S	H	Î		Q	T	Ü	X	U	K	C	B	Ü	R	S	K
T	Û	Ë	È	Ê	È	M	R	H	O	R	D	G	À	A	N	Q	L	H	Î	P	Œ	H	Q	À	Ï	Q	I	Ù
Î	N	Ï	K	C	L	Q	Ë	Ê	K	R	T	Ï	È	A	Û	Î	É	E	A	S	F	Q	H	P	G	Û	Û	B
Y	W	Ç	E	T	X	L	U	Û	É	Ù	N	W	L	T	Â	E	Ï	T	V	J	T	M	Z	N	À	I	V	Ü
B	G	Ù	Ç	H	Y	C	Q	N	T	M	V	P	Z	Ï	D	Ù	X	I	É	G	C	Ç	S	N	Ê	K	F	G
D	L	V	G	Ü	É	Ç	V	Ê	Î	Ï	Û	K	À	À	È	Ü	X	C	Z	A	N	X	Â	P	T	T	S	Û

1. ....
2. ....
3. ....

www.bertrand-lacoste.fr/2555-15.html

Recherchez trois mots cachés du scénario. À faire sur papier ou en ligne grâce au QR-code.

Allons plus loin

Exercice 1 La codification au sein du magasin BIO-ESTHÉTIC

Mme Auriol a programmé son TPV pour codifier les articles qu'elle vend. Elle vous fourni la grille de codification page suivante. Ainsi, elle peut affecter un code à chaque produit qui entre en stock.

À partir de ce document, procédez à des codifications et retrouvez des produits qui ont été codifiés afin de vous familiariser avec l'assortiment.

1. Précisez l'intérêt de la codification. ....

....

....

2. Mettez en évidence les codes pour les produits présents dans le tableau ci-dessous.

Nom du produit	Code à affecter
Un produit de maquillage femme de la marque CATTIER (teint)	
Une crème hydratante pour bébé de la marque LAVERA (catégorie soin)	
Un gel douche enfant de la marque PROPOLIA	
Un produit de la marque WELEDA pour homme dans la catégorie rasage	

3. Retrouvez les produits dont il s'agit à partir de leur code.

Code affecté	Nom du produit
2 – S – V – LA – 1 – 650	
3 – H – GL – LA – 1 – 850	
4 – S – CH – WE – 1– 850	
1 – M – T – ME – 1 – 650	

4. Vérifiez que ces codes sont exacts.

Code affecté	Nom du produit	Corrections éventuelles
1 – M – Y – CA – 1 – 700	Produit de maquillage femme (yeux) marque CATTIER	
1 – S – V – PR – 1 – 825	Produit homme soin du visage marque PROPOLIA CM 1,825	
4 – CH – C – LA – 1 – 780	Changes pour bébé couches de la marque LAVERA CM 1,780	
3 – SD – C – PRO – 1 – 850	Produit de soin des dents pour enfant marque PROPOLIA CM 1,850	

Document : Grille de codification (document confidentiel)

OCT N

GRILLE DE CODIFICATION

GAMME FEMME Code 1

Corps code C		Visage Code V		Maquillage Code M			
Soins Code S	Hygiène capillaire Code HC	Soins Code S	Hygiène Code H	Ongles Code O	Yeux Code Y	Teint Code T	Lèvres Code L

CATTIER Code CA ; LAVERA Code LA ; MELVITA Code ME ;
OPPIDUM Code OP ; PROPOLIA Code PR ; WELEDA Code WE

CM voir code de chaque marque

CATTIER	LAVERA	MELVITA	OPPIDUM	PROPOLIA	WELEDA
1,700	1,650	1,650	1,600	1,780	1,825

GAMME HOMME Code 2

Soins Code S	Rasage Code R	Hygiène Code H

Visage Code V ; Corps Code C

CATTIER Code CA ; LAVERA Code LA ; MELVITA Code ME ;
OPPIDUM Code OP ; PROPOLIA Code PR ; WELEDA Code WE

CM voir codes Gamme femme

GAMME ENFANT Code 3

Hygiène Code H			SOINS DES DENTS Code SDD	
Soins Code S	Crèmes Code C	Gel douche Code GL	Soins Code S	Crèmes Code C

CATTIER Code CA ; LAVERA Code LA ; PROPOLIA Code PR

CM voir code de chaque marque

CATTIER	LAVERA	PROPOLIA
1,750	1,850	1,780

GAMME BÉBÉ Code 4

Change Code CH	Soins Code S	Bain Code B	Toilette Code T
Couches Code C	Crème hydratante Code CH	Gel douche Code GD	Lingettes Code L

CATTIER Code CA ; LAVERA Code LA ; WELEDA Code WE

CATTIER : 1,850	LAVERA : 1,780	WELEDA : 1,850

Exercice 2 La réception de marchandises

Mme Auriol a commandé de la marchandise auprès d'un de ses fournisseurs (**document 1**). Elle vient de recevoir la livraison (**document 2**). Procédez aux contrôles des documents et émettez les réserves éventuelles sachant que le colis est arrivé abîmé. Utilisez la **Fiche 10 : Réception de marchandises**.

Document 1 : Bon de commande du magasin BIO-ESTHÉTIC

3 rue de l'Hôtel de Ville
81100 Castres
Tél 05 63 72 95 41

BON DE COMMANDE N° 15 Du 22/10/N
À : PROPOLIA
Avenue du Lac – 34800 Clermont l'Hérault
Téléphone : 04 67 96 38 14

Intitulé article	PA HT	Quantité	Taux de remise
Mousse lavante visage 100 ml	6,00 €	8	/
Lait démaquillant 200 ml révélation	10,85 €	6	5 %
Lait démaquillant 100 ml révélation	6,42 €	8	/
SOS imperfections 15 ml	7,90 €	12	/

Document 2 : Bon de livraison du fournisseur PROPOLIA

BON DE LIVRAISON N° 541 Du 26/10/N
À : BIO-ESTHÉTIC
3 rue de l'Hôtel de Ville – 81100 Castres
Téléphone : 05 63 72 95 41

Intitulé article	PA HT	Quantité	Taux de remise
Mousse lavante visage 50 ml	6,00 €	8	/
Lait démaquillant 200 ml révélation	10,85 €	6	5 %
Lait démaquillant 100 ml révélation	6,42 €	8	/
SOS imperfections 15 ml	7,90 €	15	/

1. Réalisez la comparaison du bon de commande avec le bon de livraison et mettez en évidence les anomalies éventuelles.

....

....

2. Vous faites parvenir un courriel au fournisseur afin de lui préciser les anomalies de la livraison.

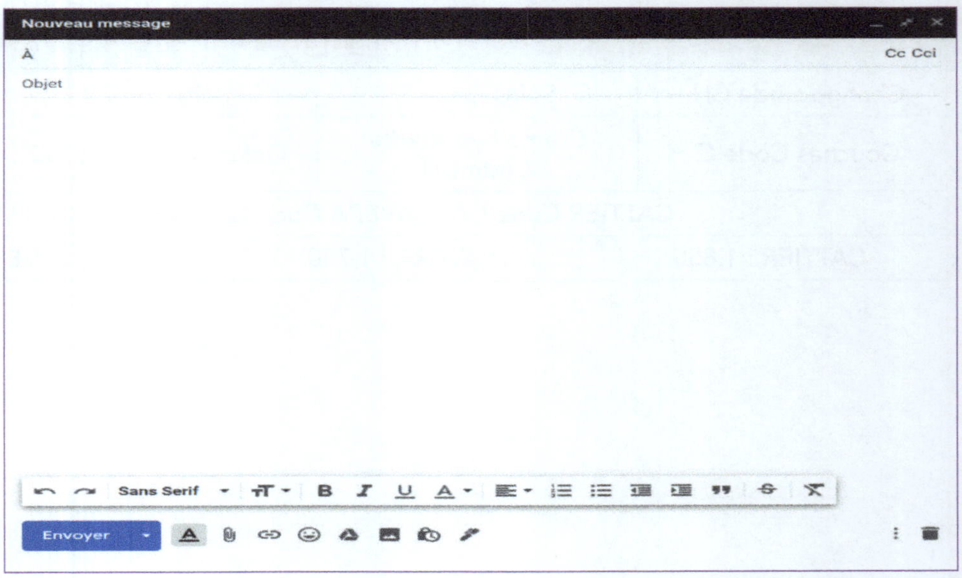

SCÉNARIO 2

LES ACTIVITÉS COMMERCIALES CHEZ LECLERC

Contexte

Bruno Meursault est le directeur du LECLERC de Castres implanté à la sortie sud-est direction Mazamet de cette ville située dans le Tarn. Ce magasin, entièrement rénové depuis 1 an, a été racheté au groupe Casino.

Vous avez déjà réalisé des PFMP dans le secteur de la grande distribution et M. Meursault a repéré chez vous un réel potentiel. Il vous fait découvrir le fonctionnement de son magasin et il vous confie certaines tâches afin de tester vos compétences.

Dans cette optique, il vous transmet un dossier documentaire présentant le magasin.

Grâce à ce dernier et à vos connaissances, vous aurez à :

- ✓ Appréhender le référencement des produits, la gestion des stocks et celle des déchets
- ✓ Participer à la lutte contre la démarque
- ✓ Mesurer la rentabilité d'une ligne de produits
- ✓ Rendre l'UC attractive et fonctionnelle
- ✓ Réaliser les changements de prix en magasin

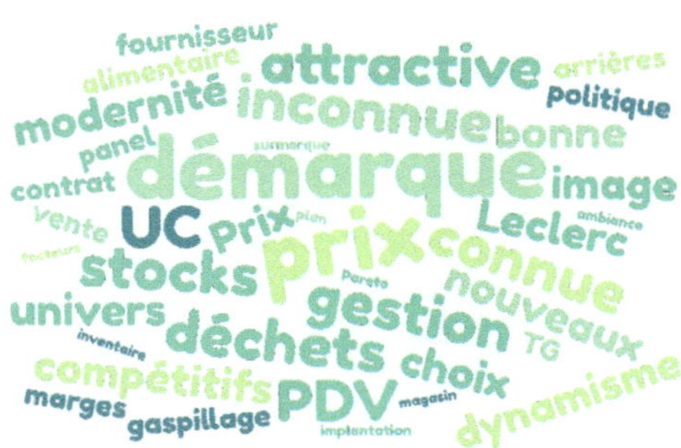

Dossier documentaire

Partie 1 : Le groupe LECLERC

Une croissance du chiffre d'affaires soutenue (en milliards d'euros)

2016	2017	2018	2019
36,57	37,20	37,75	38,85

PDM de LECLERC et de sa concurrence (Kantar)

En %	Janvier 2018	Janvier 2019	Janvier 2020	Juillet 2020
LECLERC	21,0	21,2	21,8	22,5
CARREFOUR	20,4	19,9	19,6	19,0
INTERMARCHÉ	14,7	15,0	15,1	15,9
SYSTÈME U	10,5	10,6	10,8	10,9
AUCHAN	10,6	10,3	10,2	9,6
CASINO	11,3	11,1	10,3	9,7
LIDL	5,4	5,7	6,2	6,5

Enseignes dont la PDM augmente ☐

Enseignes dont la PDM diminue ☐

Une solide implantation en France

721 magasins

690 drive

1 924 enseignes spécialisées

127 000 collaborateurs

541 adhérents

83 magasins à l'international

Une diversité d'enseignes

- 261 Manèges à bijoux
- 75 magasins d'optique
- 218 espaces culturels
- 255 parapharmacies
- 187 agences de voyages
- 113 Auto Leclerc
- 350 agences de location voitures
- 114 Une heure pour soi

E.Leclerc

Historique du groupe LECLERC

- 1949 : Ouverture du 1° magasin Leclerc
- 1962: création du Galec
- 1969 : Scission avec JP Roch
- 1979 : Importation de carburant pour la revente
- 1988 :"Nos régions ont du talent" devient une MDD
- 1989 : Ouverture de la 1° parapharmacie
- 1990 : Ouverture à l'international
- 1993 : Naissance du 1° Espace Culturel
- 1999 : 1° site e-commerce
- 2006 : Lancement du site "Quiestle moinscher.com"
- 2006 : 1° Parapharmacie
- 2009 : 1° Drive

2017 – 2018 – 2019 – 2020 : 1er distributeur français

Les valeurs du groupe LECLERC

CHEZ E.LECLERC VOUS SAVEZ QUE VOUS ACHETEZ MOINS CHER

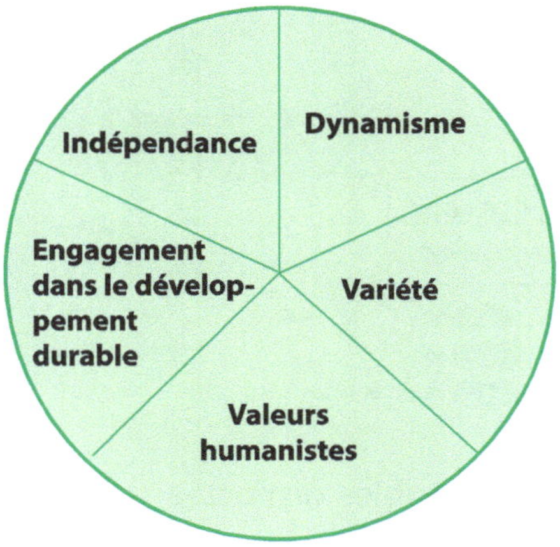

Partie 2 : Le LECLERC de Castres

Identification du magasin

- *Type de magasin :* Hypermarché
- *Date de création :* 1970 reprise au 1er juillet 2019 du magasin GÉANT
- *Forme juridique :* SARL
- *Forme de commerce :* Commerce indépendant
- *CA 2017 :* 21 200 000 € ; *CA 2018 :* 19 380 000 €
- *CA LECLERC depuis la reprise (07/2019 – 07/2020) :* 21 608 700 €
- *Surface de vente :* 6 400 m^2
- *Emplacement :* Périphérie ; zone du Siala avec les enseignes DÉCATHLON, M. BRICOLAGE, GRAND FRAIS, MACDO, GIFI, CASH CONVERTER, PLANET INDIGO, PEUGEOT
- *Nombre d'employés :* 101 salariés
- *Méthodes de vente :* Libre-service pour le PGC ; vente conseil pour les rayons à services (boucherie, traiteur)
- *Services proposés :* Relais colis

L'organigramme de LECLERC Castres

E.Leclerc Castres Siala

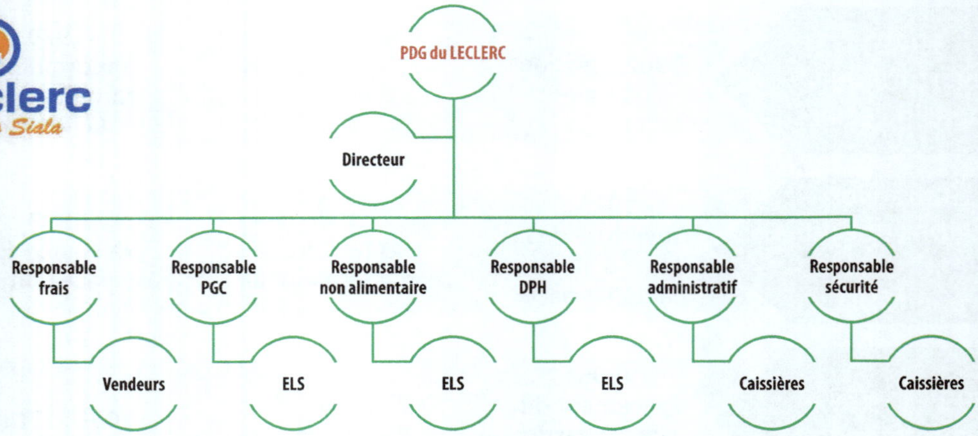

La zone de chalandise : La zone de chalandise est assez étendue géographiquement du fait de l'infrastructure routière du département et des petites villes de montagne.

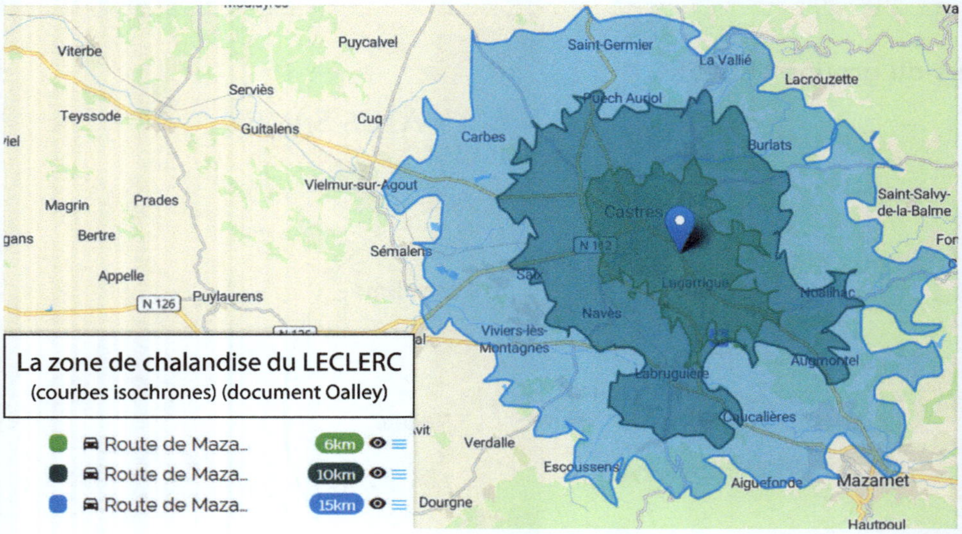

La zone de chalandise du LECLERC (courbes isochrones) (document Oalley)

La clientèle du point de vente : Trois cibles distinctes

Une clientèle qui fait attention à son pouvoir d'achat, guidée par des mobiles d'économie	Une clientèle fidèle à LECLERC qui bénéficie d'une bonne image sur le territoire	Une clientèle en recherche de simplicité et qui apprécie l'espace consacré au bio

La concurrence : Le magasin LECLERC est concurrencé par trois hypermarchés

Les hypermarchés	Points forts	Points faibles
AUCHAN	Locomotive d'une zone suréquipée En cours de rénovation	Magasin vieillissant Prix élevés
SUPER U (un grand supermarché ou un petit hypermarché 3 800 m²)	La fraicheur, la qualité, la traçabilité, le local et prix attractifs	Le lien avec la clientèle qui est à renforcer
LECLERC (nord de Castres)	Positionnement différent ; magasin complémentaire	Un démarrage laborieux
Un supermarché	**Points forts**	**Points faibles**
INTERMARCHÉ	Les prix	Organisation des rayons ; manque de suivi des promotions

Les hard discount	Points forts	Points faibles
LIDL (2 magasins), **LEADER PRICE, NETTO, ALDI**	Les prix	Le choix et le conseil défaillants

Les drive	Points forts	Points faibles
AUCHAN, LECLERC, SUPER U, LEADER PRICE	Praticité, gain de temps	Le choix

Les atouts du point de vente

Points forts

- Choix, modernité de l'espace et des prix compétitifs.
- UC rénovée et attractive.
- De nouveaux univers (arts de la table, vins et le bio).
- Bonne image, rupture avec l'ancienne enseigne peu dynamique.

E.Leclerc
Castres Siala

Axes d'amélioration

- Modifier les flux de clientèle qui ne venaient plus au GÉANT.
- Certains rayons peuvent à terme augmenter leur offre.
- Une zone commerciale qui manque de dynamisme ; à relancer.

Le plan du magasin

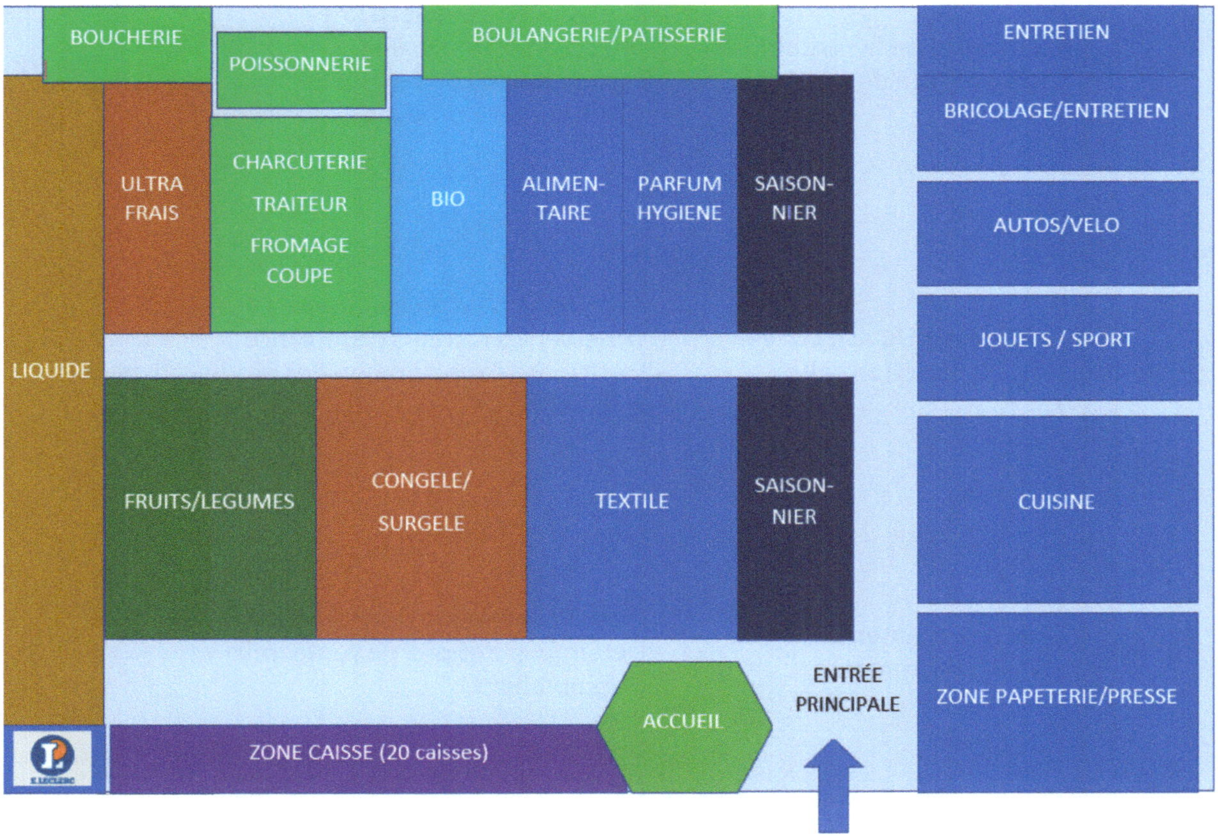

Tableau de bord des missions

N° de la mission	Nom de la mission	Objectifs de la mission	Page
1	**Référencement, gestion des stocks et des déchets**	– Appréhender le référencement – Découvrir le contrat de référencement – Différencier les types de fournisseurs – Calculer des marges arrières – Réaliser des activités liées à la gestion des stocks et des déchets alimentaires	57
2	**La lutte contre la démarque**	– Réaliser un inventaire et identifier la démarque et la surmarque éventuelle – Définir les moyens de lutte afin de diminuer la démarque	65
3	**La mesure de la rentabilité d'une ligne de produits**	– Analyser les résultats d'une opération commerciale – Évaluer le seuil de rentabilité d'une ligne de produits	72
4	**Rendre l'UC attractive et fonctionnelle**	– Analyser le plan du magasin – Observer les facteurs d'ambiance – Participer à l'implantation des produits dans le rayon	76
5	**Les changements de prix en magasin**	– Définir la politique de prix du magasin – Déterminer des prix de vente (prix d'acceptabilité).	81

Lors de cette mission, vous devrez :
- appréhender le référencement,
- découvrir le contrat de référencement,
- différencier les types de fournisseurs,
- calculer des marges arrières,
- réaliser des activités liées à la gestion des stocks et des déchets alimentaires.

Mission 1

Référencement, gestion des stocks et des déchets

1. LE RÉFÉRENCEMENT

La constitution de l'assortiment est l'élément fondamental qui conditionne une grande partie de la réussite du magasin. Ce dernier doit être adapté à la population de la zone de chalandise et satisfaire des besoins mais aussi être générateur de ventes et de marge commerciale. Pour être présents en magasin, les produits doivent d'abord être référencés.

Prenez connaissance du document 1 sur **l'organisation des approvisionnements** en flashant le QR-code, puis répondez aux questions qui suivent.

www.bertrand-lacoste.fr/2555-16.html

1 À quel type de structure correspond le GALEC ? ....

2 Quelles sont les marques (diapositive n° 2) que le GALEC référence ?

1)	2)	3)

3 Pourquoi les fournisseurs locaux ne sont-ils pas présents dans le schéma de la deuxième diapositive ?

....

....

4 Répondez par « vrai » ou « faux » aux affirmations ci-dessous. Pour ce faire, cochez la case qui correspond à votre choix.

	Vrai	Faux
Un magasin qui référence un produit l'introduit dans son assortiment		
Le référencement repose sur un contrat signé entre un fournisseur et une centrale d'achat		
Les magasins indépendants sont obligés de vendre tous les produits référencés par la centrale		
Un produit déréférencé est retiré du rayon pour être implanté en TG		
Un produit est obsolète lorsqu'il est dépassé sur le plan de la technologie		
C'est le GALEC qui livre directement les magasins LECLERC		
La négociation pour le référencement d'un produit est toujours équilibrée		
Le distributeur et les fournisseurs ont des objectifs opposés		
ECR et EDI sont des systèmes qui permettent d'échanger des informations		

5 À partir de vos connaissances et du document 1, complétez le tableau ci-dessous.

Document 2 : Les moyens d'échanges d'informations entre fournisseurs et distributeurs

	ECR	EDI	Supply chain management
Signification du sigle			
Caractéristiques			

6 À partir du document 1 et de vos connaissances, énumérez les critères selon lesquels un acheteur professionnel en centrale référence un produit (10 éléments minimum attendus).

....

....

....

2. LE CONTRAT DE RÉFÉRENCEMENT

Le contrat fait naître des droits et des obligations réciproques. Il est constitué des thèmes énumérés dans le document ci-dessous.

Document 3 : Les éléments présents dans le contrat de référencement

CONTENU DU CONTRAT

- Participation aux animations
- Pénalités éventuelles*
- Quantité à commander
- Délais de livraison
- Gestion des invendus**
- Présence en TG
- Produits concernés
- Taux de remise
- Implantation en rayon
- Durée du contrat
- Délais de paiement

* Lors du non-respect d'une obligation du fournisseur.
** Le contrat doit préciser si le stock est repris ou si le magasin en est propriétaire.

À partir du document 3 et de vos connaissances, complétez le document 4 ci-dessous. Vous y précisez les droits et les obligations d'un fournisseur.

Document 4 : Le contrat de référencement, un contrat bilatéral

Contrat de référencement	
Droits	Obligations

3. DIFFÉRENTS TYPES DE FOURNISSEURS

Document 5 : Des fournisseurs aux origines diverses

Le magasin LECLERC a deux types de fournisseurs :
– les fournisseurs nationaux référencés par le groupement d'achat,
– les fournisseurs locaux ou régionaux qu'il sélectionne.

Pour les premiers, le magasin est libre d'insérer leurs produits dans son assortiment. S'il le fait, c'est aux conditions définies par la centrale (prix, marge, délais de livraison…). Il existe une exception sur les « majeurs ». Ce sont les produits que le magasin doit avoir en magasin. Il s'agit la plupart du temps des MDD, des produits à la marque LECLERC ou de quelques marques nationales.

En ce qui concerne les fournisseurs locaux, le magasin s'organise comme il l'entend. Il en sélectionne pour montrer son intégration dans le paysage local. Son objectif premier n'est pas nécessairement de réaliser de la marge mais plutôt de créer des liens, de travailler son image et sa notoriété.

Quelle distinction existe-t-il entre les fournisseurs nationaux et les fournisseurs locaux ?

....

....

....

....

4. LES MARGES ARRIÈRES

Prenez connaissance du document 6 puis répondez aux questions qui suivent.

Document 6 : Le mécanisme des marges arrières

Prix officiel facturé au distributeur, ici 90 €

PA HT réel* payé au fournisseur (*encaissé)	Coopération commerciale payée par le fournisseur au distributeur	Remises payées par le fournisseur au distributeur	Marge avant	Montant de la TVA
60 €	20 €	10 €	10 €	20 €

Prix réel facturé au fournisseur, ici 60 €

Prix de détail TTC payé par le consommateur, ici 120 €

Pendant longtemps, les distributeurs ont pratiqué les marges arrières ou rétrocommissions. Il s'agissait d'une marge supplémentaire encaissée par le distributeur avant la vente.

Comme dans l'exemple ci-dessus, un produit vendu 100 € HT avec une marge officielle de 10 € n'était pas payé 90 € au fournisseur mais 60 €. Car même si le distributeur payait 90 € au fournisseur dans un premier temps, ce dernier lui « rendait » 30 €.

Cette pratique a été officiellement supprimée par la loi de modernisation de l'économie de 2008. On peut cependant s'interroger sur la disparition totale des marges arrières dans notre pays.

1. Quel était l'intérêt des marges arrières pour le distributeur ?

2. Pourquoi ont-elles été supprimées selon vous ?

5. LA GESTION DES STOCKS

Une fois le produit intégré à l'assortiment, il est nécessaire de gérer efficacement les stocks. Cela suppose de naviguer entre le surstockage et le sous-stockage. Dans un premier temps, il est nécessaire pour chaque produit de connaître l'état des stocks afin de commander les quantités de produits adaptées. Le cadencier est d'un grand secours ainsi que l'historique des ventes qui permet de réaliser des projections de ventes et de commander les quantités de produits permettant d'éviter la rupture et une immobilisation financière trop importante.

1. Complétez le document 7 en procédant aux calculs demandés et analysez les résultats du produit observé. Prenez connaissance auparavant de la **Fiche 11 : Cadencier**.

Document 7 : Cadencier des ventes de la MDD Céréales « Forme-brin de jour »

Extrait mois de mai N

MDD céréales	Lundi 1/05	Mardi 2/05	Mer 3/05	Jeudi 4/05	Vend 5/05	Samedi 6/05	Lundi 8/05	Mardi 9/05	Mer 10/05
SI	25	22	24	8	5	21	20	28	25
QL	12	24	24	12	36	24	(2)		
QV	(1)						28	27	24

MDD céréales	Jeudi 11/05	Vend 12/05	Samedi 13/05	Lundi 15/05	Mardi 16/05	Mer 17/05	Jeudi 18/05	Vend 19/05	Samedi 20/05
SI	25	20	17	20	(3)				
QL				24	12	12	12	12	12
QV	29	27	29	20	18	16	18	14	10

a) Mettez en évidence : les quantités vendues (QV), les quantités livrées (QL) et le stock initial (SI) suivant le cas. Justifiez les cases qui ont un numéro.

(1) : .... (2) : .... (3) : ....

b) Calculez la moyenne des ventes sur la période : ....

....

c) Déterminez la quantité à commander le lundi 22/05 en tenant compte des ventes moyennes considérées comme des ventes prévisionnelles.

Justifiez votre raisonnement : ....

....

d) Commentez le niveau de ventes sur la période : ....

....

e) Calculez le coefficient de rotation pour ce produit puis commentez : ....

....

f) Mettez en évidence la vitesse de rotation du produit : ....

....

2 La règle des 20/80. Cette règle, définie par Pareto, selon laquelle « 80 % de la marge brute totale d'un rayon est obtenue grâce aux 20 % des produits implantés dans le rayon » permet au distributeur d'identifier les produits qui rapportent afin qu'ils ne soient jamais en rupture. Retrouvez la loi de Pareto pour le rayon céréales. Dans un premier temps, consultez la **Fiche 12 : Règle des 20/80** puis complétez le document 8.

Document 8 : La loi de Pareto

	Nombre de références	Cumul du nombre de références	Cumul en %	Marge brute totale décrois-sante	Cumul de la marge brute	Cumul de la marge brute en %
MDD céréales Forme-brin de jour Fruits rouges	3			733,60		
Fitness Nestlé blé complet	2			593,67		
MDD Form'flakes brin de jour	2			483,98		
Spécial K Kellog's nature	2			428,02		
Kellog's All bran	3			69,27		
Fitness bio Nature/avoine	5			61,43		
MDD Bio corn flakes brin de jour	2			59,45		
Céréales muesli brin de jour	3			57,49		
Bjorg Crousti avoine bio	4			55,12		
Fitness Nestlé nature	2			54,38		
Jordans Muesli	3			50,25		
Jordans country crisp noix	5			49,90		
Céréales Terres et céréales muesli	2			36,20		
Bjorg blé complet bio	2			35,12		
Fitness light Nestlé	3			33,10		
Céréales Terres et céréales avoine	2			26,02		
Total						

a) Calculez le nombre de références.
b) Réalisez le cumul du nombre de références en quantité puis en pourcentage.
c) Calculez le montant total de la marge brute.
d) Réalisez le cumul du montant de la marge brute en valeur puis en pourcentage.
e) Faites apparaître sur le tableau la loi de Pareto avec un surligneur.
f) Interprétez le résultat et précisez l'intérêt de cette règle : ....

....

6. LA GESTION DES DÉCHETS ALIMENTAIRES

La gestion efficace des produits constitue une action préventive permettant de réduire les déchets alimentaires au sein du magasin. Il s'agit donc de repérer très rapidement les produits susceptibles d'être jetés pour éviter qu'ils ne le soient. Lutter contre le gaspillage alimentaire repose sur la responsabilité de chacun.

1 Prenez connaissance des documents 9 à 11 puis répondez aux questions qui suivent.

Document 9 : La loi de 2016 relative à la lutte contre le gaspillage alimentaire, dite loi Garot

MINISTÈRE DE LA TRANSITION ÉCOLOGIQUE

Ces deux mesures principales concernent les distributeurs de produits alimentaires. Cette loi prévoit en effet :

- L'obligation, pour les magasins alimentaires de plus de 400 m² de proposer une convention de don à des associations pour la reprise de leurs invendus alimentaires encore consommables.
- L'interdiction, pour les distributeurs alimentaires, de rendre impropres à la consommation des invendus encore consommables.

La loi Garot introduit également une hiérarchie des actions à mener en matière de lutte contre le gaspillage alimentaire. Elle donne la priorité à la prévention, puis aux débouchés en alimentation humaine par le don ou la transformation. Viennent ensuite la valorisation en alimentation animale et énergétique. La destruction est envisagée en dernier recours. La loi entend aussi renforcer les actions d'éducation et de sensibilisation au gaspillage alimentaire et prévoit l'intégration des actions de lutte contre le gaspillage.

Document 10 : Le gaspillage alimentaire en France

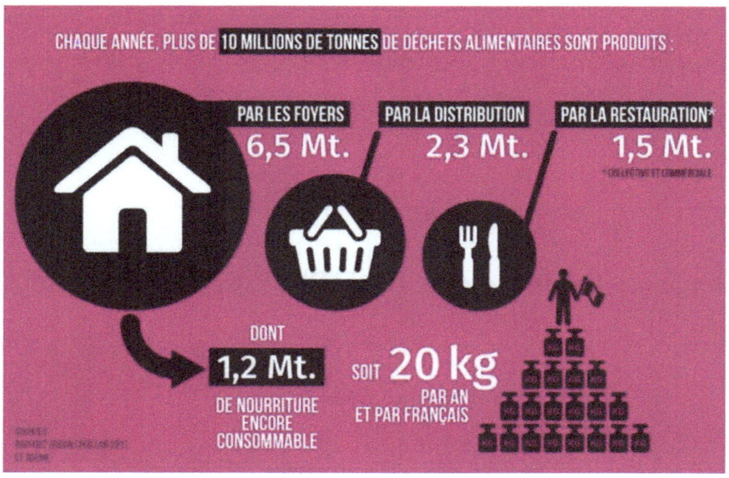

Le gaspillage intervient dans toutes les étapes de la production (32 % des déchets) à la distribution (14 %) des produits alimentaires en passant par leur transformation (21 %). La consommation collective ou individuelle à domicile représentant quant à elle 33 % des déchets.

www.gaspillagealimentaire.fr

Document 11 : Deux vidéos portant sur la lutte contre le gaspillage alimentaire

La loi « antigaspi » porte ses fruits	Application
ACTU ENVIRONNEMENT .com www.bertrand-lacoste.fr/2555-17.html	 Too Good To Go www.bertrand-lacoste.fr/2555-18.html

a) Qu'impose la loi Garot aux distributeurs ?

b) Quelle quantité de déchets alimentaires est-elle jetée chaque année en France ? Quelle proportion de ces déchets est-elle encore consommable ?

c) Comment le magasin fonctionne-t-il en matière de dates courtes pour éviter le gaspillage (première vidéo) ?

d) Au final, si le produit n'est pas vendu, que se passe-t-il ?

e) Certains produits ne peuvent être donnés ; énumérez-les.

f) Que se passe-t-il dans l'épicerie solidaire ?

g) Que deviennent les déchets lorsqu'ils ne sont pas donnés ?

h) Qu'est-ce qui justifie l'existence de l'application « Too good to go » ? Précisez son utilité pour le distributeur et pour le client.

2 Prenez connaissance du guide « Manger mieux – gaspiller moins » de l'ADEME (QR-code ci-dessous).

a) Expliquez ce qu'est le Nutri-score :

b) Que signifie acheter « responsable » ?

www.bertrand-lacoste.fr/2555-19.html

c) Comment chacun d'entre nous peut participer à la lutte contre le gaspillage dans son quotidien ?

3 Réalisez un compte rendu concernant la gestion des déchets en concevant le document qui vous convient le mieux : un diaporama, une vidéo, une synthèse, une carte mentale…

Dans le cadre de cette mission, vous aurez à :

- réaliser un inventaire et à identifier la démarque et la surmarque éventuelle,
- définir les moyens de lutte afin de la diminuer.

Mission 2

La lutte contre la démarque

1. INVENTAIRE ET DÉMARQUE

L'inventaire du magasin vient d'être réalisé. M. Meursault vous demande de procéder à l'analyse des résultats et de concevoir un compte rendu. Vous vous intéresserez plus précisément à la famille des boissons gazeuses.

1 Mettez en évidence la démarque et la surmarque. Pour cela, prenez connaissance du document 1 et complétez le document 2.

Document 1 : Stock réel des boissons gazeuses (extrait)

Inventaire famille boissons gazeuses				
code article	libellé article	marque	stock réserve	stock magasin
17 213 353	Lipton ice tea pêche 2x1,5 l	LIPTON	4	5
17 434 298	DR Pepper 1,5 l	DR PEPPER	/	8
17 326 971	Seven Up Mojiti 6 x 33 cl	SEVEN UP	12	21
17 332 919	Red Bull Tropical ED 25 cl	RED BULL	12	17
17 042 902	Coca Cola sans caféine 12 x 15 cl	COCA	7	15
17 376 506	Booster energy drink 1 l	BOOSTER	5	13
17 107 689	Coca Cola Cherry 2 l	COCA	/	6
17 024 557	Pulco citronnade 4 x 50 cl	PULCO	7	9
17 403 351	Lipton pêche zéro sucre 6 x 33 cl	LIPTON	6	6
17 170 990	Lipton ice tea pêche 4 x 50 cl	LIPTON	9	9
17 332 874	Schweppes agrum 1 l	SCHWEPPES	12	6
50 223 040	Pepsi regular 6 x 33 cl	PEPSI	/	6
17 024 932	Fanta orange boites 12 x 15 cl	FANTA	18	24
17 036 759	Ogeu limonade light 6 x 33 cl	OGEU	6	17
52 303 041	Red Bull sugar free 25 cl	RED BULL	15	20
52 404 526	Orangina zéro boite 6 x 33 cl	ORANGINA	/	25
12 125 158	MDD Cola cherry 1,5 l	MDD	5	12
17 218 635	MDD limonade 1,5 l	MDD	9	10
52 417 528	MDD boite tea pêche 1,5 L	MDD	7	3
TOTAL			134	232

2 Surlignez en jaune les produits qui font l'objet d'une démarque et en rose ceux qui font l'objet d'une surmarque. Pour ce faire, complétez les documents 2 et 3.

Document 2 : Calcul des écarts

CALCUL DES ECARTS - DEMARQUE / SURMARQUE								
code article	libellé article	Stock réel	Stock théorique	Démarque	Surmarque	Stock initial	Quantité livrée	Quantité vendue
17 213 353	Lipton ice tea pêche 2x1,5 l					25	180	196
17 434 298	DR Pepper 1,5 l					12	45	49
17 326 971	Seven Up Mojiti 6 x 33 cl					15	80	57
17 332 919	Red Bull Tropical ED 25 cl					32	95	90
17 042 902	Coca Cola sans caféine 12 x 15 cl					50	220	248
17 376 506	Booster energy drink 1 l					34	25	32
17 107 689	Coca Cola Cherry 2 l					52	72	124
17 024 557	Pulco citronnade 4 x 50 cl					12	20	22
17 403 351	Lipton pêche zéro sucre 6 x 33 cl					24	12	24
17 170 990	Lipton ice tea pêche 4 x 50 cl					12	10	4
17 332 874	Schweppes agrum 1 l					24	8	14
50 223 040	Pepsi regular 6 x 33 cl					35	40	66
17 024 932	Fanta orange boites 12 x 15 cl					60	90	106
17 036 759	Ogeu limonade light 6 x 33 cl					12	12	1
52 303 041	Red Bull sugar free 25 cl					50	70	85
52 404 526	Orangina zéro boite 6 x 33 cl					15	25	13
12 125 158	MDD Cola cherry 1,5 l					20	20	25
17 218 635	MDD limonade 1,5 l					35	12	28
52 417 528	MDD boite tea pêche 1,5 L					25	25	40
TOTAL			0	0	0	544	1061	1224

Justification des calculs :

Réf. DOC PEPPER : Stock théorique .... Réf. BOOSTER : Démarque ....

Réf. PULCO (17 024 557) : Surmarque ....

Document 3 : Analyse du rayon boissons gazeuses (bilan)

	Liste des produits	Facteurs explicatifs
Démarque		
Surmarque		

3 Observez le cahier de démarque (document 4). Que pensez-vous des problèmes constatés ?

....

....

4 Quelles rubriques pourrait-on ajouter à ce cahier afin de le rendre plus efficient ?

....

....

Document 4 : Cahier de démarque

Date	Marque	Quantité	Problème constaté	Signature
01/02	SEVEN UP	**2**	Bouteilles éventrées	
24/02	RED BULL	**2**	Casse : 1 bouteille trouvée vide en magasin	
03/03	ORANGINA	**2**	Bouteilles vides	
02/04	PEPSI	**2**	Boites alu déformées invendables	
05/04	BOOSTER	**3**	Casse : 2 bouteilles vides en réserve	
13/04	SEVEN UP	**1**	DDM dépassée	

5 Que signifie le sigle DDM ? S'agit-il de la DLC ?

....

....

....

....

2. LES MOYENS DE LUTTE CONTRE LA DÉMARQUE

À la suite de l'inventaire, M. Meursault vous demande d'analyser la démarque inconnue en magasin. Il s'agit de l'identifier et d'utiliser les moyens de lutte efficace.

Prenez connaissance des documents 5 à 11 puis répondez aux questions et concevez un diaporama de synthèse qui sera présenté à l'ensemble du personnel.

Document 5 : Dossier démarque magasin (document confidentiel)

La démarque au magasin	Année N	Année N-1	Année N-2
Taux de démarque inconnue (en % du CA)	1,06 %	1,18 %	1,17 %
Démarque inconnue en valeur (en €)	234 546	242 242	254 463
Taux de démarque connue (en % du CA)	0,96 %	0,94 %	0,95 %
Démarque connue en valeur (en €)	(1)		
Dépenses de sécurité (en % du CA)	(2)		
Dépenses de sécurité (en €)	229 400	242 000	246 500
Coût total de la démarque	(3)		

Document 6 : Les causes de la démarque au magasin et les moyens de lutte

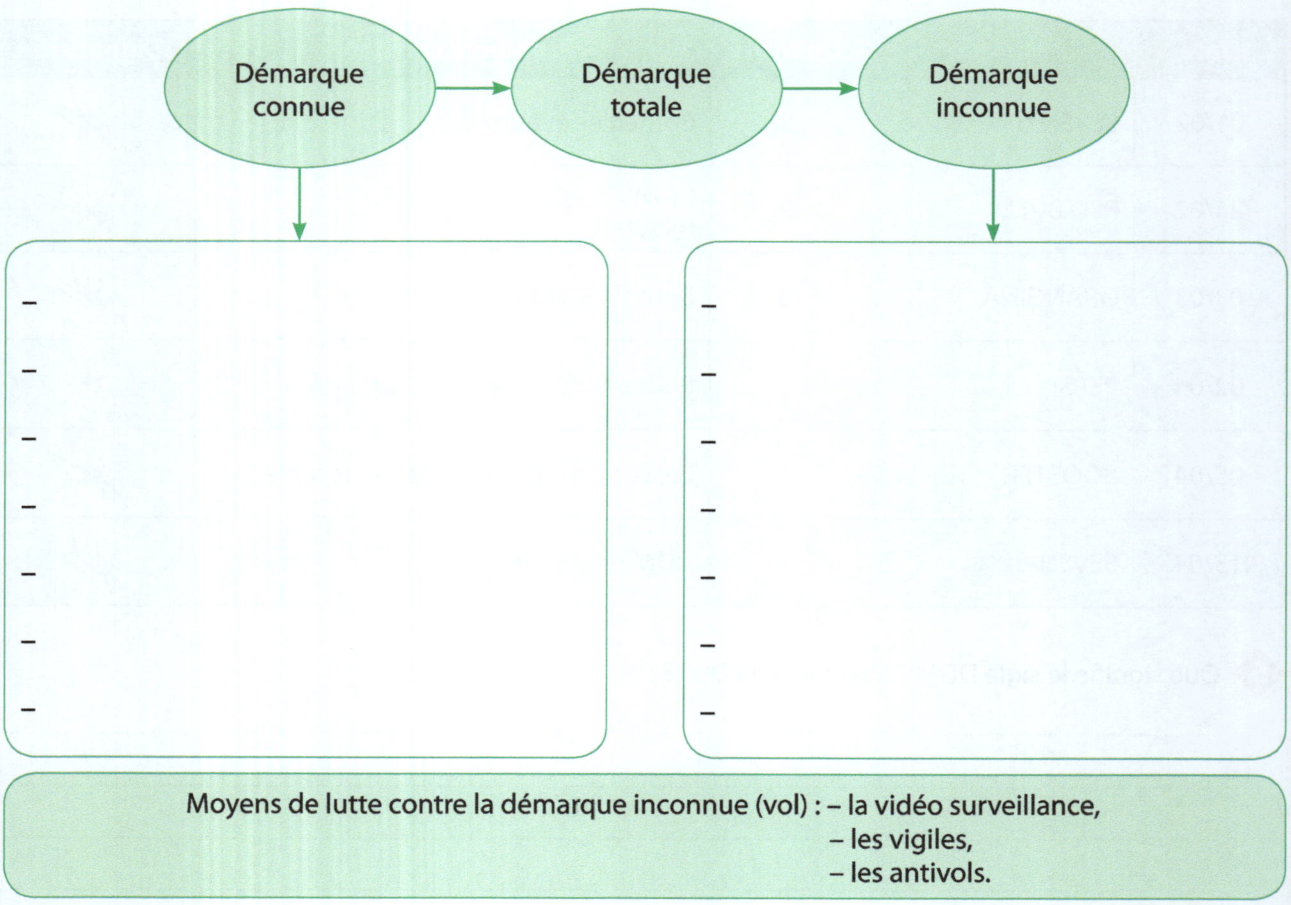

Document 7 : La démarque inconnue en France et dans le monde dans les magasins de détail
(chiffres 2018, document Stackr)

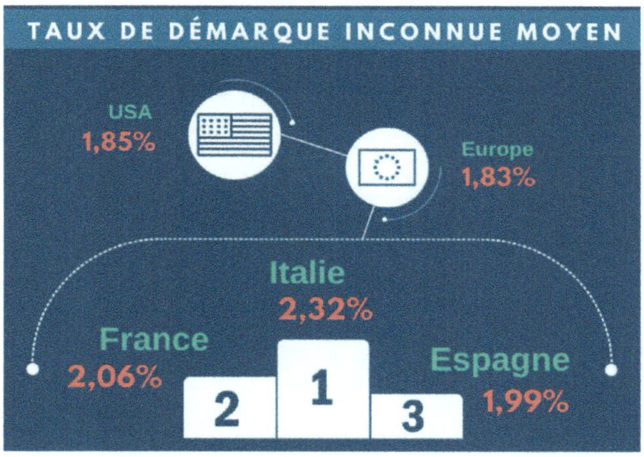

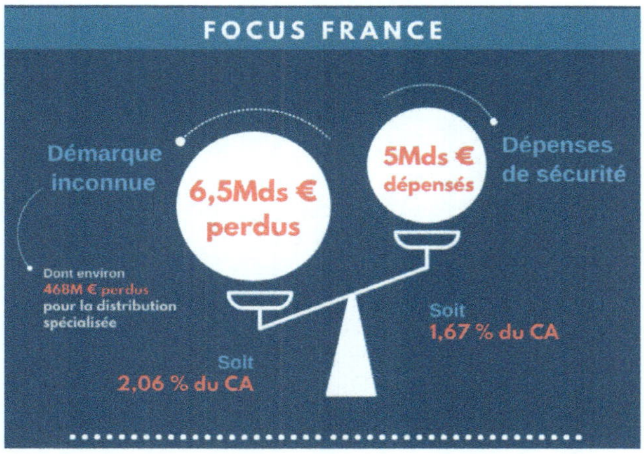

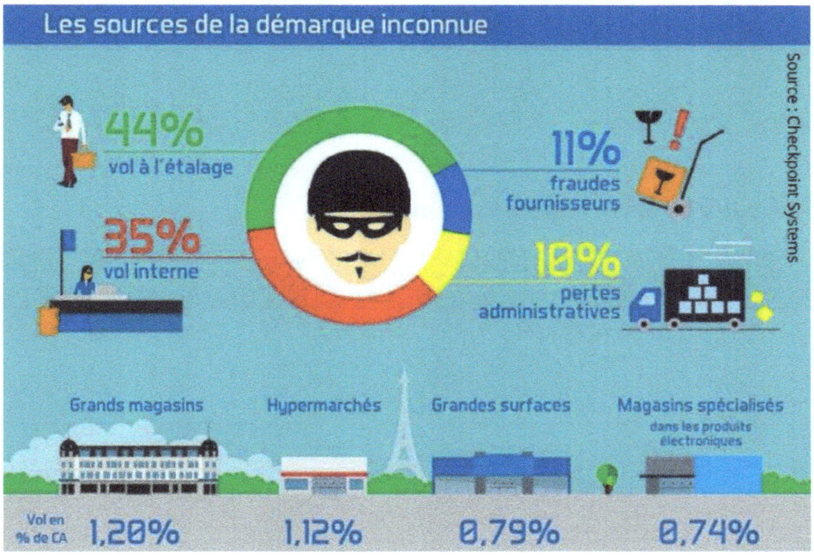

Document 8 : Top 6 des articles les plus volés au magasin LECLERC de Castres

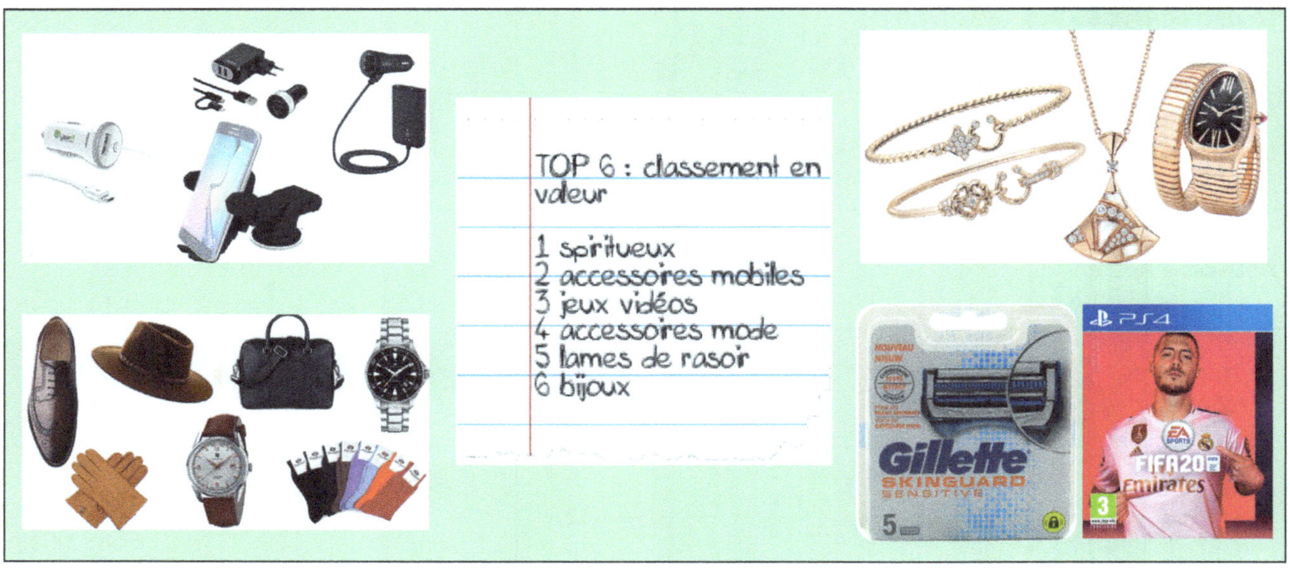

Document 9 : Les produits les plus volés en magasin de détail en France

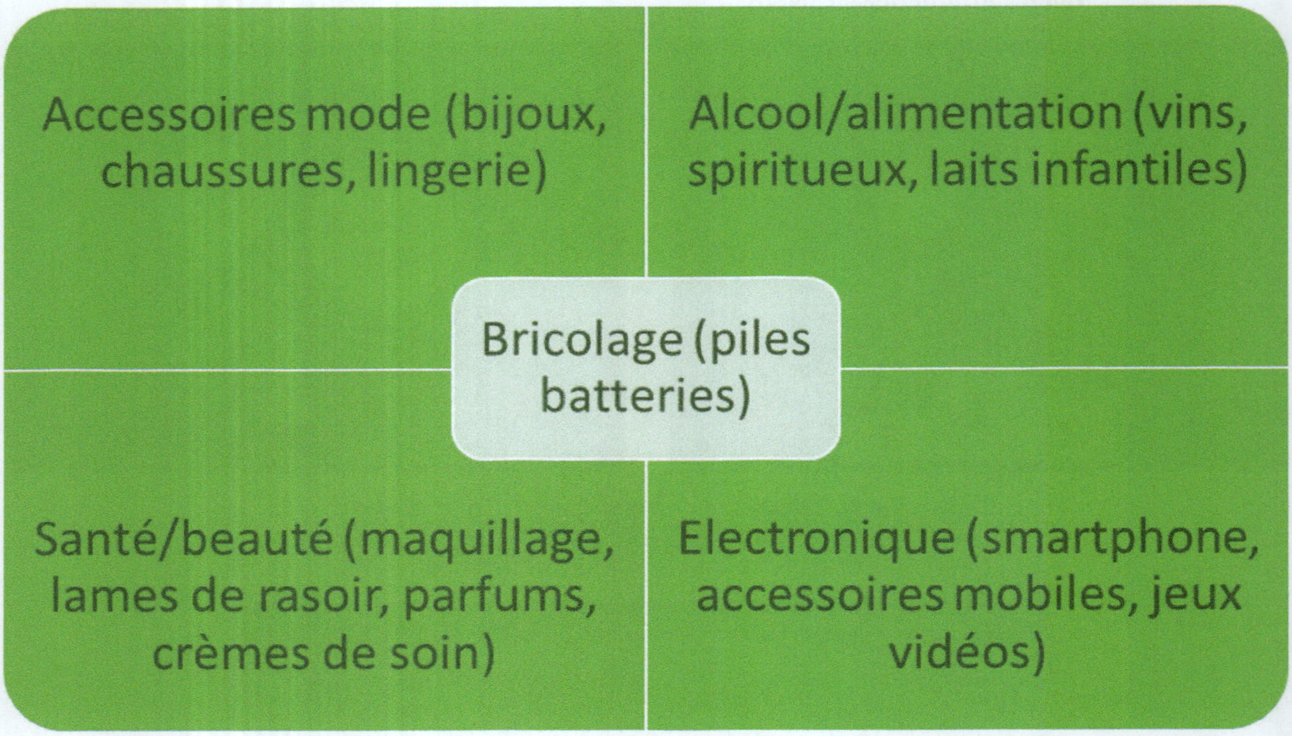

Document 10 : Les moyens de lutte contre la démarque

	Avantages	Inconvénients
Vidéo-surveillance		
Gestion des produits par RFID		
Marquage à la source		
Le personnel de vente		
Les vigiles		
Antivols à encre		
Formation du personnel		
Rotation des produits frais		

1 Déterminez dans le document 5 pour les années N, N-1 et N-2 :
- Le montant de la démarque connue.
- Le taux de dépenses de sécurité (deux chiffres après la virgule).
- Le coût total de la démarque (en incluant les dépenses de sécurité).

Justifiez les calculs pour l'année N : (1) : ....

(2) : .... (3) : ....

Commentez les résultats obtenus : ....

....

....

2 À partir de vos connaissances et de la **Fiche 19 : Inventaire et démarque** (livre de première), complétez le document 6.

3 Comparez les résultats du magasin avec les éléments des documents 8 et 9. Quelle est la position du magasin en matière de démarque inconnue ?

....

....

....

4 Les produits les plus volés au magasin correspondent-ils à ceux qui le sont en général ?

....

....

5 À partir de vos connaissances et des documents, mettez en évidence les avantages et les inconvénients pour le distributeur des différents moyens de lutte contre la démarque. Pour ce faire, complétez le document 10.

6 Lisez le document ci-dessous puis répondez à la question.

> Depuis trois ans environ, certains magasins d'Île-de-France, pour limiter les coûts, n'ont plus de vigiles permanents attachés à leur PDV. Ils utilisent les services d'agence de sécurité (Sécuritas, Trackforce) qui proposent des équipes mobiles d'intervention. Ces équipes sont capables de se rendre sur site à la demande du responsable ou lorsque des vols, dégradations et des incidents sont commis et constatés par la télésurveillance.

Que pensez-vous de ce nouveau concept en matière de lutte contre la démarque ?

....

....

7 Concevez un diaporama où vous préciserez :
- Ce que sont démarque connue et inconnue.
- La position du magasin en matière de démarque inconnue.
- Les moyens de lutte existants.
- Des suggestions pour améliorer les résultats du magasin.

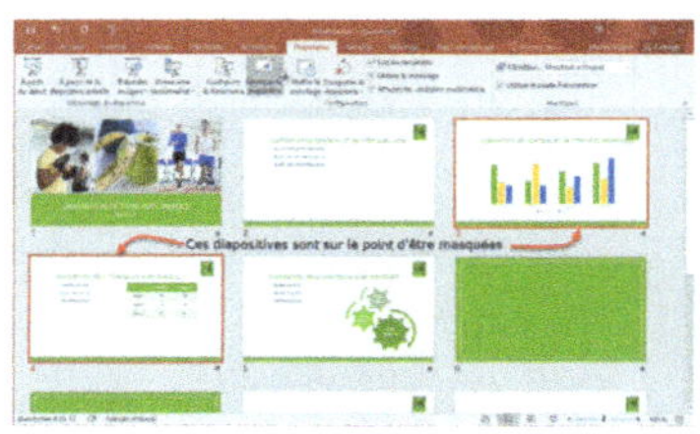

8 Préparez-vous à présenter votre travail à l'oral. Pour ce faire, notez sur une feuille ce que vous allez dire ; comment vous allez commenter vos diapositives. Pensez aux paralangages et à limiter les tics de langage lors de votre intervention.

Lors de cette mission, vous allez :

– analyser les résultats d'une opération commerciale,

– évaluer le seuil de rentabilité d'une ligne de produits.

Mission 3

La mesure de la rentabilité d'une ligne de produits

Votre responsable vous demande d'étudier la rentabilité d'une opération commerciale. Cette dernière porte sur la marque « Innocent » qui lance dans le magasin sa ligne de Gaspachos (4 produits) et fait découvrir le smoothie Carrot.

Vous étudiez les résultats de ces produits au travers de la conception d'un tableau de bord (document 1) puis vous mettez en évidence la rentabilité des produits de cette gamme afin de confirmer ou non leur référencement permanent au sein du magasin.

1. ANALYSE DES RÉSULTATS D'UNE OPÉRATION COMMERCIALE

Prenez connaissance des résultats de l'opération « Innocent » qui a eu lieu la première quinzaine du mois d'octobre N. Complétez le document 1 puis interprétez les résultats. Justifiez les calculs demandés. Tous les résultats comporteront deux chiffres après la virgule. Enfin, répondez à la question : Ces produits méritent-ils d'être référencés définitivement au magasin ? Argumentez votre réponse.

Calculs à justifier :

(1) : .... (2) : ....

(3) : .... (4) : ....

(5) : .... (6) : ....

(7) : .... (8) : ....

(9) : .... (10) : ....

Document 1 : Tableau de bord de l'opération « Innocent »

E.Leclerc	PV TTC	QV S1*	QV S2	CA TTC S1	CA TTC S2	CA Total	Norme
Gaspacho Jaune	2,65	28	39	(2)		(3)	159
Gaspacho orange	2,49	18	42				149,4
Gaspacho vert	2,65	19	27				106
Gaspacho rouge	2,65	12	15				106
Smoothie carrot	2,64	31	43				158,4
TOTAL		(1)					678,8

Chiffres promo	PV HT	PA HT	MB unitaire	MB totale	TM S1/S2**	Taux évolution des ventes S1/S2
Gaspacho Jaune	2,51	2,2	(4)	(5)	(6)	(8)
Gaspacho orange	2,36	2,14				
Gaspacho vert	2,51	2,2				
Gaspacho rouge	2,51	2,28				
Smoothie carrot	2,50	2,22				
TOTAL					(7)	

Chiffres hors promo	PV HT habituel	PA HT	MB unitaire	TM hors promo	% des ventes	% de marge brute
Gaspacho Jaune	2,99	2,2			(9)	(10)
Gaspacho orange	2,83	2,15				
Gaspacho vert	2,99	2,2				
Gaspacho rouge	2,99	2,25				
Smoothie carrot	2,98	2,22				
TOTAL						

*Quantités vendues lors de la première semaine.
** TM pratiqué lors des deux semaines.
Taux de TVA : 5,50 %.

innocent	ANALYSE DES RÉSULTATS

Produit générant le CA le plus élevé : ....

Produit rapportant le moins de CA : ....

Comparaison du CA réalisé avec la norme : ....

....

....

....

	TM Hors promo	TM promotionnel
Produit avec le TM le plus élevé		
Produit avec le TM le moins élevé		

TM moyen durant la promotion : ....

....

	En % du CA	En % de la MB totale
Produit avec le TM le plus élevé		
Produit avec le TM le moins élevé		

Conclusion sur l'intérêt de conserver cette ligne de produits dans l'assortiment du magasin :

2. LE SEUIL DE RENTABILITÉ

Votre chef de rayon souhaite que vous déterminiez le seuil de rentabilité des nouveaux produits Innocent insérés dans l'assortiment. Il s'agit de calculer à partir de quel niveau de CA ou de produits vendus l'entreprise commencera à réaliser des bénéfices.

1 Prenez connaissance de la **Fiche 13 : Seuil de rentabilité** et du document 2 afin de compléter le document 3.

Document 2 : Les différentes charges estimées sur un mois pour 400 produits

Pour mesurer la rentabilité de la nouvelle ligne de produits, il est nécessaire de déterminer les charges fixes et les charges variables qui leur correspondent.

Charges fixes : frais de stockage et casse estimée 50 € ; coût électrique 140 € ;
Charges variables : coût d'achat unitaire des marchandises (prix d'achat moyen) 2,20 l'unité ; coût de personnel (mise en rayon) : 2,5 % du coût d'achat.

Le prix de vente moyen des produits sera de 2,99 € HT. On estime que les 400 produits seront vendus sur le mois.

Document 3 : Détermination du seuil de rentabilité

Simulation mois de novembre	Calculs	Résultats
Ventes estimées (en quantité)		
CA HT		
Charges variables		
Marge sur coût variable		
Charges fixes		
Résultat		
Taux de marge sur coût variable		
Seuil de rentabilité en €		
Seuil de rentabilité en quantité		

2 Sachant que le magasin sera ouvert durant 25 jours au mois de novembre, quel sera l'objectif minimum de vente quotidien qui permettra d'atteindre le seuil de rentabilité ? Ce dernier est-il réaliste selon vous ?

....

....

3 À partir du calendrier du mois de novembre, précisez le jour où le seuil de rentabilité sera atteint. On imagine que les 400 bouteilles seront vendues et que les ventes sont identiques tous les jours.

....

....

....

Lundi	Mardi	Mercredi	Jeudi	Vendredi	Samedi	Dimanche
						1
2	3	4	5	6	7	8
9	10	11	12	13	14	15
16	17	18	19	20	21	22
23	24	25	26	27	28	29
30						

4 Réalisez un compte rendu sous la forme d'un diaporama qui mettra en évidence : une présentation de la marque Innocent et de ses produits (à partir du site https://www.innocent.fr/), les résultats de l'opération commerciale (éléments positifs et les points faibles) ainsi qu'une présentation du seuil de rentabilité.

Pour réussir cette mission, vous devrez :

– analyser le plan du magasin,

– observer les facteurs d'ambiance,

– participer à l'implantation des produits dans le rayon.

Mission 4

Rendre l'UC attractive et fonctionnelle

1. L'ANALYSE DU PLAN

À partir du plan présent dans le dossier documentaire, justifiez l'implantation de certains rayons puis mettez en évidence les points forts et les points faibles éventuels du magasin. Pour réaliser ce travail, complétez le document 1.

Document 1 : Analyse du plan du magasin

Zones observées	Zone chaude	Zone froide	Justifications
Rayon culturel			
Arts de la table			
Zone promotions			
DPH			
Textile			
Espace bio			
Liquide			
Poissonnerie			
Points forts			
Points à améliorer			

2. LES FACTEURS D'AMBIANCE DU MAGASIN

Une fois le plan du magasin analysé, Bruno Meursault vous demande d'observer les rayons (grâce aux photos accessibles à partir du QR-code) et de commenter les facteurs d'ambiance de votre choix dans le document 2.

www.bertrand-lacoste.fr/2555-20.html

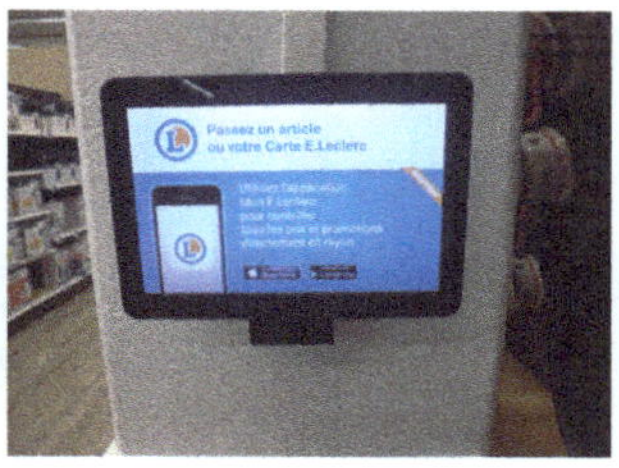

CRÉER UNE AMBIANCE PROPICE À L'ACHAT

ATTIRER L'ATTENTION — **Les facteurs d'ambiance au LECLERC** — **FAIRE VENDRE**

Document 2 : Les principaux facteurs d'ambiance

Facteur d'ambiance observé	Caractéristiques	Impact sur l'image

3. L'IMPLANTATION DES PRODUITS DANS LE RAYON

Bruno Meursault vous demande d'analyser la TG consacrée aux jus de fruits frais. Pour ce faire, vous prenez connaissance des documents et des **Fiches 21 : Marchandisage de gestion et 22 : Marchandisage, observation du produit dans le rayon** (livre de première) puis répondez aux questions qui suivent.

La profondeur de la TG varie du bas vers le haut. Elle est plus profonde en bas et moins profonde en haut. Cela permet de mettre en valeur les produits et d'en faciliter la préhension.

1 Décrivez la tête de gondole en complétant le tableau ci-dessous.

Caractéristiques	Réponse
Produits vendus	
Nombre de marques	
LS du meuble	
LD du meuble	
Type de présentation	
Avis sur la TG (pouvoir vendeur)	

2 Observez le document 3 puis complétez les documents 4 et 5.

3 À partir des documents 4 et 5, réalisez une analyse critique de l'implantation des produits dans la TG en calculant des indices de sensibilité.

Document 3 : La TG réfrigérée

Document 4 : Les dimensions des produits (niveau 3)

N° de la référence	Nom du produit	Longueur	Profondeur*	Linéaire développé	Frontale totale
1	Charles et Alice Pomme 1 l ; 1,59 €	9 cm			
2	Charles et Alice Poire 1 l ; 1,97 €	9 cm			
3	Eco jus d'orange 1 l ; 1,08 €	7 cm	6,5 cm		
4	Sunny orange 0,50 l ; 0,90 €	7 cm			
5	Sunny orange 1 l ; 1,89 €	7,5 cm			
6	Bio village MDD orange 1 l ; 2,46 €	8,5 cm			
7	Caresse antillaise 1 l ; 2,69 €	7,5 cm	7 cm		
8	Bio village MDD Multi fruits 1 l ; 2,46 €	8,5 cm			
9	Bio village MDD Multi-vitaminé 1 l ; 2,46 €	8,5 cm			
10	Récoltons l'avenir 1 l ; 1,69 €	8,5 cm			

*Toutes les bouteilles sont rondes sauf les références n° 3 et 7.

Document 5 : Le calcul du linéaire optimal

Réf.	PV TTC	PV HT	PA HT	MB*	LD*	QV	CA HT*	MB totale
1	1,59	1,51	1,36	(1)	(2)	17	(3)	(4)
2	1,97	1,87	1,66			20		
3	1,08	1,02	0,94			24		
4	0,90	0,85	0,74			18		
5	1,89	1,79	1,49			34		
6	2,46	2,33	2,00			13		
7	2,69	2,55	2,22			10		
8	2,99	2,83	2,43			14		
9	2,90	2,75	2,37			15		
10	1,69	1,60	1,41			18		
TOTAL						183		

*Deux chiffres après la virgule.

Calculs à justifier :

(1) : .... (2) : ....

(3) : .... (4) : ....

Document 5 (suite)

Réf.	% CA*	% MB*	% LD*	IS CA**	IS MB**	IS moyen **	Modification ***	Nouveau LD**
1	(5)	(6)	(7)	(8)	(9)	(10)		(11)
2								
3								
4								
5								
6								
7								
8								
9								
10								
TOTAL								

*Deux chiffres après la virgule, **trois chiffres après la virgule, ***à exprimer avec une flèche.

Calculs à justifier (5) : ....

(6) : .... (7) : ....

(8) : .... (9) : ....

(10) : .... (11) : ....

Analyse critique de la tête de gondole : ....

....

....

4 Réalisez un bilan que vous adressez à votre responsable sous la forme d'un compte rendu.

5 Mettez en évidence le rendement et la rentabilité de la TG au mètre linéaire. Comparez les résultats à ceux de l'enseigne.

Éléments observés	LECLERC Castres		Norme de l'enseigne
Rentabilité	Calcul :		260 €/ml
Rendement	Calcul :		40 €/ml
Commentaires			

Lors de cette mission, vous aurez la responsabilité de :

– définir la politique de prix du magasin,

– déterminer des prix de vente (prix d'acceptabilité).

Mission 5

Les changements de prix en magasin

1. LA POLITIQUE DE PRIX DU MAGASIN

L'enseigne possède une politique de prix adaptée à chaque catégorie de produits présente dans l'assortiment.

Précisez pour chaque catégorie de produits, le nom de la politique pratiquée et sa caractéristique principale. Pour ce faire, consultez la **Fiche 27 : Politique de prix** (livre de première).

Document 1 : Une politique de prix par catégorie de produits

Catégories de produits	Objectif en matière de prix	Nom de la politique	Caractéristique principale
Produits de première nécessité	Être le moins cher sur la zone		
Autres PGC	Les mêmes prix que la concurrence		
Les MDD	Être le moins cher sur la zone		
Marques nationales	Les mêmes prix que la concurrence		
Premiers prix	Être le moins cher sur la zone		
Produits frais locaux	Les mêmes prix que la concurrence		
Produits premiums et nouveaux	Possibilité d'être plus cher		

1 À la suite de l'analyse précédente, nommez la politique de prix pratiquée par le magasin. Justifiez votre réponse.

....

....

2 Quel est l'avantage de cette politique ?

....

....

....

2. LA DÉTERMINATION DES PRIX DE VENTE

L'enseigne dispose de conseils et des préconisations du groupe en matière de prix de vente. Elle est libre d'adapter sa politique à la zone de chalandise.

Dans cette optique, la grande surface utilise deux outils afin que sa politique de prix soit cohérente.

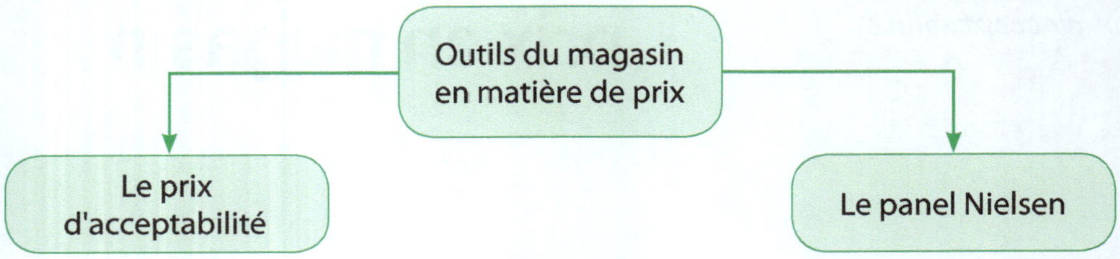

1 Le prix d'acceptabilité.

M. Meursault a organisé une consultation auprès de sa clientèle concernant le lancement d'un stylo multifonction. Outre le fait qu'il permet d'écrire, il est bicolore (noir et rouge), effaçable et équipé d'un stylet tactile. Il souhaite le référencer dans la gamme papeterie. Dans un premier temps, il souhaite déterminer son prix de vente au client. Il établira ce prix à partir du calcul du prix d'acceptabilité.

Il a posé deux questions à 250 personnes :

– Question 1 : À partir de quel montant trouvez-vous le prix du produit élevé ?
– Question 2 : En dessous de quel montant avez-vous un doute sur sa qualité ?

a) Le calcul du prix d'acceptabilité : Consultez la **Fiche 28 : Prix d'acceptabilité** (livre de première).

Complétez le document 2 et justifiez les calculs demandés.

Document 2 : La détermination du prix d'acceptabilité

Prix	Réponses question 1	Cumul croissant en quantité	Réponses question 2	Cumul décroissant en quantité	Nombre d'acheteurs potentiels
2,50 €	0		80		
2,75 €	0		75		
3,00 €	8		24		
3,25 €	10		21		
3,50 €	20		19		
3,75 €	25		17		
4,00 €	32		14		
4,25 €	45		0		
4,50 €	50		0		
4,75 €	60		0		
Total					

Justifiez les calculs pour de la ligne « 3,75 € » : ....

....

b) Quel est le prix d'acceptabilité de ce stylo ? Justifiez votre réponse.

....

....

c) Ce résultat est-il fiable ? ....

....

d) Quels sont les autres critères qui permettent de déterminer un prix de vente ?

....

....

e) Quel chiffre d'affaires le magasin est-il susceptible de réaliser en imaginant que le nombre de clients potentiels achèteraient le produit ? Complétez le document ci-dessous.

Document 3 : Le chiffre d'affaires potentiel du stylo

Prix proposé	Nombre de clients potentiels	Détail du calcul	CA prévisionnel
3,25 €			
3,50 €			
3,75 €			
4,00 €			

f) Complétez le document 4 afin de découvrir les prix pratiqués par la concurrence.

Document 4 : Prix pratiqués par la concurrence pour un produit similaire (deux chiffres après la virgule)

Enseignes	PV HT	Montant de la TVA*	PV TTC
INTERMARCHÉ	2,88 €	(1)	(2)
AUCHAN	2,93 €		
CASINO	(3)		3,65 €
FRANPRIX	(4)	0,66 €	

*Taux de TVA : 20 %.

g) Au vu des résultats précédents et du document 4, quel prix conseillez-vous à M. Meursault ? Argumentez votre réponse.

....

....

2 Le magasin adhère au panel de distributeurs Nielsen.

a) Recherchez la définition d'un panel de distributeurs sur Internet.

....

....

b) À quelles questions un panel permet-il de répondre ? ....

....

c) Pour quelle raison le magasin adhère-t-il à un panel en matière de fixation de prix de vente ?

....

....

d) Prenez connaissance de la vidéo « Nielsen » et listez les leviers qui permettent à un magasin d'augmenter ses profits. Complétez le document 5.

www.bertrand-lacoste.fr/2555-21.html

Document 5 : Les actions à entreprendre en matière de prix

Actions à entreprendre	Objectifs poursuivis
1. Investir dans une nouvelle stratégie tarifaire	
2.	
3.	
4.	
5.	

e) Comment les distributeurs dominent-ils le mieux le marché ? Quelle politique adoptent-ils ?

....

....

....

....

f) Précisez l'objectif de chaque besoin satisfait par le panel Nielsen. Pour ce faire, complétez la partie inférieure du document 6. Répondez à la question en formulant des verbes à l'infinitif.

Document 6 : Les besoins satisfaits par le panel Nielsen

1. Gestion des catégories

2. Efficacité du marketing

3. Efficacité de la chaîne d'approvisionement

4. Optimisation des magasins

6. Intelligence shoppers

nielsen

5. Programmes de fidélité

1.	2.	3.
4.	5.	6.

3 Le magasin organise une opération commerciale intitulée « Opération petit-déjeuner équilibré ». Il a mis en avant différents types de produits : les céréales, les biscottes, les jus de fruits, la confiture, la pâte à tartiner… En ce qui concerne les jus de fruits notamment à l'orange, le directeur vient de recevoir un relevé de prix du panel Nielsen. Prenez-en connaissance et effectuez les changements de prix nécessaires. Le directeur vous indique que l'enseigne souhaite être, dans la mesure du possible, la moins chère sur tous les produits listés. Si cela est impossible, le prix pratiqué correspondra au prix moyen de la zone.

Document 7 : Relevé de prix Jus de fruits (extrait)

Relevé oct N N° 1245 A	nielsen				SECTEUR 745 B
CODE EAN	MARQUES	AUCHAN	INTERMARCHE	SUPER U	prix moyen dans la zone
3250890576624	JOKER orange brick 1 l	1,42	1,45	1,42	1,42
3250890576622	JOKER orange brick 2 l	2,75	2,70	2,81	2,75
3240790576525	INNOCENT orange verre 0,9 l	2,07	2,05	2,03	2,06
3240790576523	INNOCENT orange verre 1,8 l	3,99	3,79	4,02	3,96
3230260576123	TROPICANA orange brick 1 l	1,59	1,5	1,62	1,58
3230260576121	TROPICANA orange brick 1,5 l	2,29	2,15	2,29	2,28
3204445587520	MDD orange brick 1 l	1,29	1,09	1,19	1,21
3204445587519	MDD orange brick 2 l	2,29	2,29	2,39	2,32

JOKER innocent

Tropicana MDD

Document 8 : Tableau de changements de prix (deux chiffres après la virgule)

	PV TTC	PV HT*	PA HT	MB unitaire	TM	Nouveau PV HT	Nouveau PV TTC	MB unitaire	Nouveau TM
Joker 1 l	1,39		1,04						
Joker 2 l	2,72	(1)	2,09	(2)					
Innocent 0,9 l	2,10		1,05						
Innocent 1,8 l	4,07		2,56						
Tropicana 1 l	1,59		0,99						
Tropicana 1,5 l	2,39		2,06						
MDD 1 l	1,25		1,06						
MDD 2 l	2,32		1,35						

*Taux de TVA : 5,50 %.

Calculs à justifier : (1) : .... (2) : ....

a) Expliquez votre démarche pour la référence « Joker 2 l » : ....

....

b) Que remarquez-vous pour les références « Tropicana 1,5 l » et « MDD 1 l » : ....

....

c) La situation est-elle légale ? ....

d) Quel est l'intérêt pour le magasin, dans ce cas, d'un changement de prix ? ....

....

4 Lors de l'opération commerciale portant sur les petits-déjeuners, le magasin proposera une réduction de prix sur deux produits : Joker 2 l et Innocent 0,9 l. Prenez connaissance de la **Fiche 14 : Réductions.**

En partant du nouveau prix de vente et sachant que le magasin baissera son taux de marque à 5 %, calculez pour ces deux produits le taux de remise et le montant de la remise accordés au client (deux chiffres après la virgule).

	Nouveau TM	PV HT Promo	PV TTC Promo	Montant de la remise	Taux de remise
Joker 2 l	5 %	(1)			(2)
Innocent 0,9 l	5 %				

Calculs à justifier : (1) : .... (2) : ....

Mission 1

Référencement, gestion des stocks et des déchets alimentaires

Faisons le point

Référencement

Référencer signifie :

....

....

....

Fournisseurs et distributeurs signent un .... * qui fait naître des : .... et ....

Puis échangent des informations

Via l'ECR : ....

....

Via l'EDI : ....

....

*Les marges arrières y sont désormais ....

(...

....

....

....)

Gestion des stocks

Une fois référencé, le produit doit être commandé en quantité suffisante en évitant deux extrêmes

Le ....

....

La ....

....

Le distributeur utilise le

.... pour

....

....

ET

La loi de

....

ou ....

Selon laquelle :

« ....

.... »

Pour ....

....

Gestion des déchets

La loi .... a pour objectif de lutter contre le gaspillage alimentaire

Pour lutter contre le gaspillage, le distributeur peut :

– ....

....

– ....

....

– ....

....

– ....

....

Il existe une application qui œuvre aussi dans ce sens ; il s'agit de :

....

Mission 2

Faisons le point

La lutte contre la démarque

Inventaire → Objectif : ....

→ Résultat : Stock réel – stock théorique = écart > 0 ....

Résultat : Stock réel – stock théorique = écart < 0 ....

.... connue Définition : .... Trois causes :	.... Définition : .... Trois causes : ....

Les moyens de lutte : ....
....

Mission 3

Faisons le point

La mesure de la rentabilité d'une ligne de produits

OUTILS UTILISÉS

CHIFFRE D'AFFAIRES	MARGE BRUTE			

Comparaison avec la norme de l'enseigne

Les points forts :	Les points faibles :

CA pour lequel le magasin ne réalise ni perte ni bénéfice :

Mission 4

Rendre l'UC attractive et fonctionnelle

Faisons le point

Les différents niveaux d'un rayon
Le niveau .... Produits à installer :
Le super .... Produits à installer :
Le niveau .... Produits à installer :
Le niveau .... Produits à installer :

Les outils d'analyse du rayon

Le linéaire au sol :	Le linéaire développé :
La frontale de base :	La frontale totale :
La capacité de stockage :	
Les indices de sensibilité :	

Mission 5

Les changements de prix en magasin

Faisons le point

La fixation du prix de vente
- En fonction de ....
- En fonction du coût de revient

Deux questions à poser :

Le SRP :

Allons plus loin

Exercice 1 Corner shop, quand les magasins s'invitent les uns chez les autres

Début septembre, le suédois Ikea inaugurait des points de retrait pour les articles volumineux dans quatre géants Casino tandis que Nature & Découvertes prenait ses quartiers à la Fnac La Rochelle.

Avant eux, en novembre 2018, deux hypermarchés Carrefour ont installé des « mini-magasins » Darty dans leurs murs. Sans oublier certains Casino qui accueillent désormais l'e-commerçant Cdiscount (les deux enseignes appartiennent au même groupe).

Depuis plusieurs mois, les enseignes s'invitent les unes chez les autres. C'est ce qu'on appelle des « corner shop », des espaces dédiés dans un point de vente à une autre marque. [...]

Un partenariat gagnant-gagnant

Trop grands et parfois dépassés : ils vendent bien le t-shirt, mais leurs robes ne convainquent plus ; proposent des piles ou des clous mais pas la perceuse adaptée dernier cri. Dans tous ces domaines, les magasins spécialisés et l'e-commerce leur taillent des croupières.

Résultat : ils perdent de l'argent sur certains rayons. D'où l'idée de mieux occuper l'espace en se rapprochant d'enseignes fortes qui proposent une offre complémentaire aux clients du magasin. « Nous nous tournons vers des spécialistes, là où nous ne sommes pas experts », confirme Stéphane Corrado, le directeur marketing des enseignes Casino.

Dans les deux hypers Carrefour, le coin Darty a remplacé tout le rayon électroménager. Aujourd'hui, un client qui doit acheter une machine à laver a d'abord le réflexe Darty plutôt que Carrefour. « C'est un partenariat gagnant-gagnant, puisque les marques profitent aussi des forts débits des hypers ».

Ça marche, vraiment ? Carrefour, qui évoque « des retours clients positifs », préfère avoir un an de recul pour dresser un bilan. Malgré tout, l'enseigne a déjà prévu d'ouvrir à la mi-novembre, un corner shop de 300 m² Aubert, le spécialiste de la puériculture, dans son hyper de Claye-Souilly (Seine-et-Marne). [...]

Chez Casino, on se dit content de l'expérience : « Là où nous avons des corner shop Cdiscount, notre chiffre d'affaires a progressé de 2 % dans le magasin », témoigne Sébastien Corrado. Mais ces alliances d'un nouveau genre ne sont pas forcément la panacée pour un secteur en crise. Sur le papier l'idée est simple, mais la mise en œuvre est parfois plus délicate qu'il n'y paraît.

« Installer des corner shop, c'est comme un vaste Tetris, pour faire de la place, il faut souvent bouger plein de rayons, notamment parfois le surgelé, et cela coûte cher » [...] Il faut aussi fermer quelques jours le temps de faire les travaux, sortir des références du magasin – au risque de mécontenter certains clients qui ne viendront plus... « Le retour sur investissement n'est pas garanti ».

« Cela a du sens, mais ne représente pas forcément un modèle économique rentable pour autant : si vous remplacez votre rayon électroménager par un coin Darty, vous n'êtes pas du tout sûr que la vente des produits Darty compensera la suppression de votre rayon électroménager, ainsi que tous les coûts annexes associés à cette vaste réorganisation », confie-t-il.

Sylvie Macedo et Odile Plichon, *Le Parisien*, 6 octobre 2019.

Prenez connaissance du texte puis répondez aux questions qui suivent.

1. Expliquez en quoi consiste le concept « Corner shop » : ....

....

....

2. Quels sont les résultats attendus ? ....

....

....

3. Pour quelle raison les GMS développent-elles ce nouveau concept ? ....

....

....

4. Quel est le résultat de ces collaborations dans les enseignes qui ont testé l'expérience ?

....

....

....

....

Exercice 2 Seuil de rentabilité et variation de prix

À la suite d'une étude de la concurrence de la zone et des consommateurs, votre responsable hésite entre deux prix pour la gamme des gaspachos de la marque Innocent : 3 € ou 3,30 € (voir mission 3).

Il a remarqué que la clientèle était sensible aux prix et il estime que ses ventes seront différentes suivant le prix qu'il pratiquera. Il a conçu le tableau ci-dessous qui le démontre.

Prix consommateur pratiqué	3 €	3,15 €	3,30 €
Ventes estimées (en quantité)	450	400	350

1. Il vous demande de calculer le seuil de rentabilité dans l'hypothèse basse (prix à 3 €) et dans l'hypothèse haute (prix à 3,30 €) afin de le conseiller au mieux. Pour les charges variables, le PA HT unitaire est de 2,20 € auquel il faut ajouter 2,50 % du PA HT correspondant aux frais de personnel.

2. Commentez les résultats obtenus.

....

....

....

....

Simulation mois de novembre	Hypothèse basse	Hypothèse haute
PV TTC		
Ventes estimées (en quantité)		
PV HT		
CA HT		
Charges variables		
Marge sur coût variable		
Charges fixes	190	190
Résultat		
Taux de marge sur coût variable		
Seuil de rentabilité en €		
Seuil de rentabilité en quantité		

3. Que conseillez-vous à votre responsable ?

....

....

Exercice 3

Rendez-vous sur LearningApps.org pour un exercice en ligne.

www.bertrand-lacoste.fr/2555-22.html

SCÉNARIO 3

LE COMMERCE ÉQUITABLE CHEZ ÉTHIQUABLE

Contexte

Vous avez intégré l'entreprise ÉTHIQUABLE implantée à Fleurance dans le Gers (32) en tant que vendeur/animateur. Votre activité consiste à visiter les grandes surfaces où les produits de la marque sont référencés et à organiser des animations commerciales régulières dans ces magasins.

Dans un premier temps, afin de faciliter votre intégration, votre responsable Rémi Roux, vous présente le concept ÉTHIQUABLE ainsi que la gamme de produits commercialisée.

Votre future activité de promoteur des ventes et d'animateur vous motive particulièrement.

Lors de vos différentes formations, vous avez réalisé des PFMP dans le secteur alimentaire bio notamment. M. Roux vous fait découvrir le fonctionnement de l'entreprise et il vous confie certaines missions afin que vous soyez à l'aise sur le terrain.

Dans un premier temps, il vous transmet un Livret d'accueil du personnel présentant l'entreprise ÉTHIQUABLE.

Grâce à ce dernier et à vos connaissances, vous aurez à :

- ✓ Réaliser la découverte de l'économie sociale et solidaire
- ✓ Vous préparer à la vente de produits issus du commerce équitable
- ✓ Analyser l'implantation de la marque dans les rayons
- ✓ Réaliser une action d'animation
- ✓ Participer au suivi des ventes et à la satisfaction de la clientèle

Dossier documentaire

Livret d'accueil du personnel

ETHIQUABLE

– *Date de création :* 2003
– *Les grandes dates :* 17 ans de succès

ETHIQUABLE

- **2003 Création de l'entreprise**
- **2004 Référencement de la marque sur le plan national**
- **2005 Lancement du chocolat ÉTHIQUABLE**
- **2006 Premier site Internet**
- **2007 Création d'une antenne au Pérou**
- **2008 La gamme certifiée bio**
- **2009 Création de la SCOP Bénélux et Allemagne**
- **2013 Loi sur le commerce équitable**
- **2015 Création d'un bureau à Madagascar**
- **2016 N° 1 des marques positives**
- **2019 Construction d'une chocolaterie dans le Gers**

– *Forme juridique :* SCOP ; société coopérative et participative agréée solidaire depuis 2004

Le circuit de distribution des produits chez ÉTHIQUABLE

Producteurs → **Coopératives producteurs** → ETHIQUABLE → **Grandes surfaces, boutiques** → **Consommateurs**

– *Secteur d'activité :* produits alimentaires issus du commerce équitable
– *Nombre d'employés :* 135 salariés
– *Méthode de vente :* vente en libre-service en GMS et vente conseil en boutique

Les différentes marques et les produits vendus

ETHIQUABLE	paysans d'ici
Chocolat, café, thé, jus de fruits, apéritifs, compote, pâte à tartiner, farine, miel, sucre, céréales, biscuits, fruits secs	**Farine, coulis, crème chataigne, pruneaux, purée de fruits, confiture, jus, sablés, infusions, pâtes, herbes arômatiques**

– *Les labels :* ils garantissent au consommateur que les produits ont été élaborés en suivant un cahier des charges spécifique à partir de composants bio et dans une optique de commerce équitable, ce qui permet de proposer une rémunération juste aux producteurs.

Le chiffre d'affaires

Années	2004	2005	2006	2008	2010	2015	2016	2017	2018	2019
CA*	2,2	6,8	12,6	17	14	24,2	31,4	39,5	51	61

* En millions d'euros.

La concurrence : Très forte dans le café, le chocolat et le thé

Nouvelles sur le marché les MDD

La clientèle : ses motivations

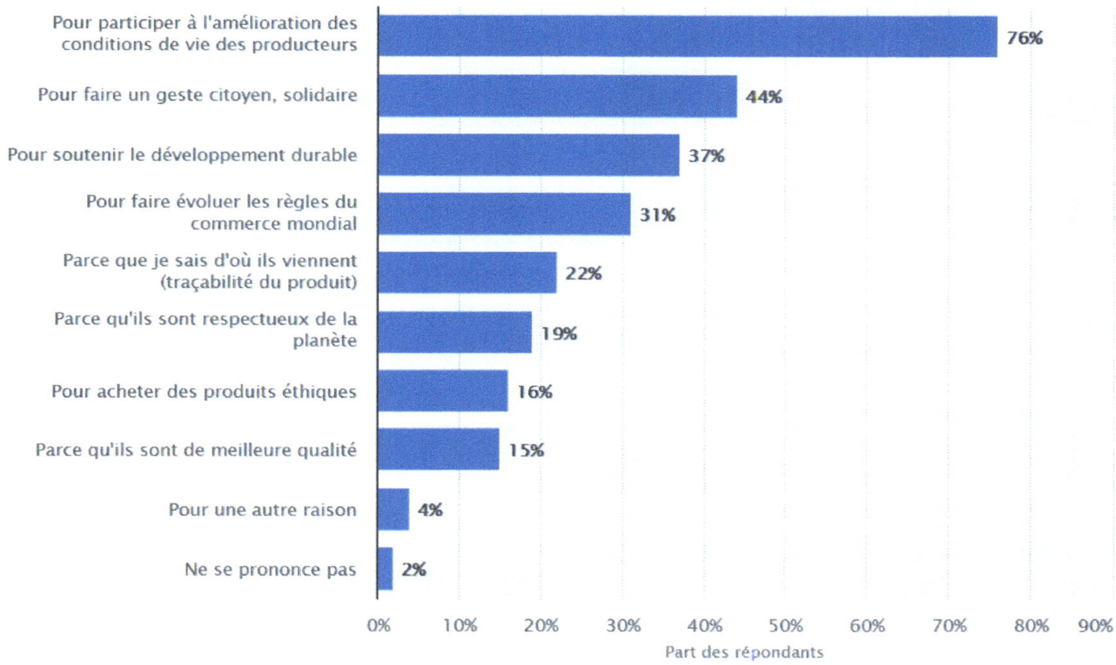

Les valeurs de l'entreprise ÉTHIQUABLE

- L'homme et son travail sont placés au cœur de l'entreprise
- Contribuer au développement durable
- Proposer une rémunération juste des producteurs

Les points forts de l'entreprise

Un développement rapide	**Une forte notoriété**	**Une excellente image**	**Une clientèle fidèle**	**Un CA qui progresse**

Tableau de bord des missions

N° de la mission	Nom de la mission	Objectifs de la mission	Page
1	**La découverte de l'Économie Sociale et Solidaire (ESS)**	– L'économie sociale et solidaire – Le marché du commerce équitable	**97**
2	**La vente de produits issus du commerce équitable**	– La conception d'un argumentaire – Le traitement des objections	**103**
3	**La présence de la marque dans les rayons**	– L'analyse d'un rayon – L'étude de la rentabilité du rayon – L'allocation du linéaire – La mise en place d'un mobilier spécifique en boutique	**109**
4	**La réalisation d'une action d'animation**	– Les grandes étapes d'une animation – La préparation de l'action – La réalisation de l'action – Le bilan de l'opération – La conception du brief – L'analyse des résultats d'une animation	**115**
5	**Le suivi des ventes et la satisfaction de la clientèle**	– L'analyse des ventes – Mesurer la satisfaction client – Les actions à entreprendre	**120**

Lors de cette mission, vous devrez :
- appréhender l'économie sociale et solidaire : notamment découvrir le concept de SCOP,
- analyser le marché du commerce équitable.

Mission 1

La découverte de l'Économie Sociale et Solidaire

1. L'ÉCONOMIE SOCIALE ET SOLIDAIRE

Visionnez la vidéo grâce au QR-code puis précisez si les affirmations du document 1 sont vraies ou fausses en cochant la case appropriée.

www.bertrand-lacoste.fr/2555-23.html

Document 1 : La découverte de l'ESS

	Vrai	Faux
1. Il existe des structures où l'argent est un moyen qui permet d'améliorer le quotidien		
2. Dans l'ESS, le profit, l'argent est le but à atteindre		
3. L'ESS concerne seulement le secteur du sport et de la culture		
4. L'Économie et le social sont deux notions opposées		
5. L'ESS représente 10 % de l'emploi en France		
6. Seules les associations appartiennent à l'ESS		
7. Dans une entreprise de l'ESS, l'activité profite à tous plutôt qu'à un petit nombre		
8. Dans une entreprise de l'ESS, la répartition des bénéfices n'est pas équitable		
9. L'ESS remet l'homme au cœur de l'économie		
10. L'ESS correspond principalement à la recherche du profit		

1 L'ESS, qu'est-ce que c'est ?

a) Prenez connaissance de l'extrait de la loi du 31 juillet 2014 relative à l'économie sociale et solidaire et retrouvez les quatre caractéristiques de l'ESS. Complétez le document 3.

b) Précisez quelles organisations peuvent appartenir à l'ESS : ....

....

Document 2 : Extrait de la loi relative à l'ESS

ARTICLE 1 – I. L'économie sociale et solidaire est un mode d'entreprendre et de développement économique adapté à tous les domaines de l'activité humaine auxquels adhèrent des personnes morales de droit privé qui remplissent les conditions cumulatives suivantes :

1° Un but poursuivi autre que le seul partage des bénéfices ;

2° Une gouvernance démocratique, définie et organisée par les statuts, prévoyant l'information et la participation, dont l'expression n'est pas seulement liée à leur apport en capital ou au montant de leur contribution financière, des associés, des salariés [...] ;

3° Une gestion conforme aux principes suivants :

a) Les bénéfices sont majoritairement consacrés à l'objectif de maintien ou de développement de l'activité de l'entreprise ;

b) Les réserves obligatoires constituées, impartageables, ne peuvent pas être distribuées.

II. L'économie sociale et solidaire est composée des activités de production, de transformation, de distribution, d'échange et de consommation de biens ou de services mises en œuvre :

1° Sous la forme de coopératives, de mutuelles [...] ou d'associations régies par la loi du 1er juillet 1901,

2° Par les sociétés commerciales qui, aux termes de leurs statuts, affectent 20 % de leurs bénéfices à la réserve statutaire obligatoire et où les décisions sont prises par une partie des employés ou leur représentant élu.

ARTICLE 2 – Sont considérées comme appartenant à l'économie sociale et solidaire, les activités possédant une utilité sociale au sens de la présente loi. Les organisations qui satisfont à l'une au moins des trois conditions suivantes :

1° Elles ont pour objectif d'apporter, à travers leur activité, un soutien à des personnes en situation de fragilité soit du fait de leur situation économique ou sociale. [...]

2° Elles ont pour objectif de contribuer à la lutte contre les exclusions et les inégalités sanitaires, sociales, économiques et culturelles, à l'éducation à la citoyenneté. [...]

3° Elles concourent au développement durable dans ses dimensions économique, sociale, environnementale et participative. [...]

Document 3 : Les principales caractéristiques de l'ESS

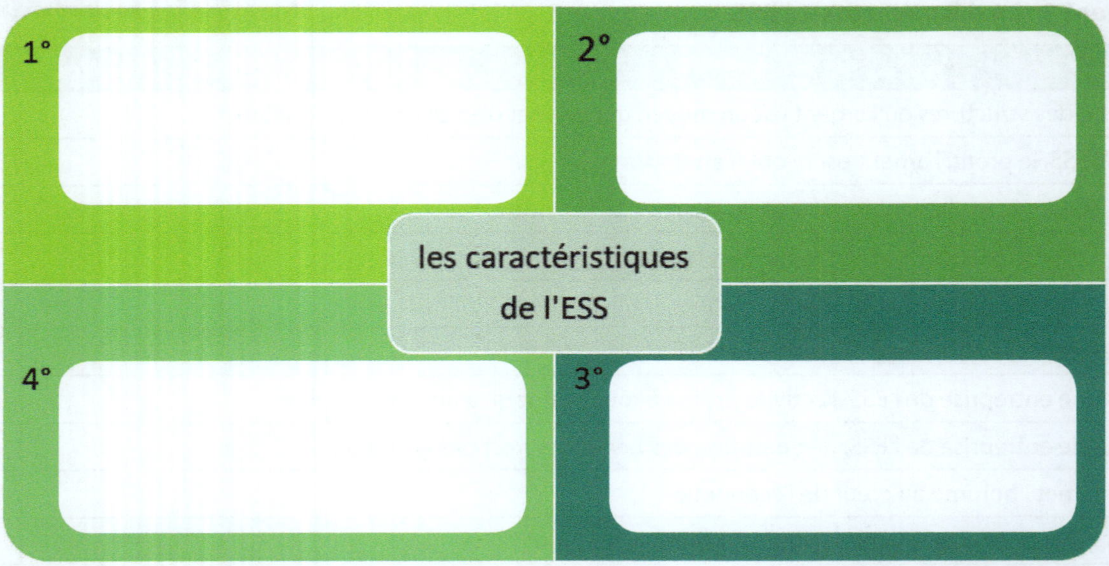

2 Qu'est-ce qu'une SCOP ?
Pour répondre à cette question, prenez connaissance au préalable de la vidéo à partir du QR-code et analysez-la en remplissant les documents 4 et 5.

www.bertrand-lacoste.fr/2555-24.html

Document 4 : Les motivations pour créer une SCOP

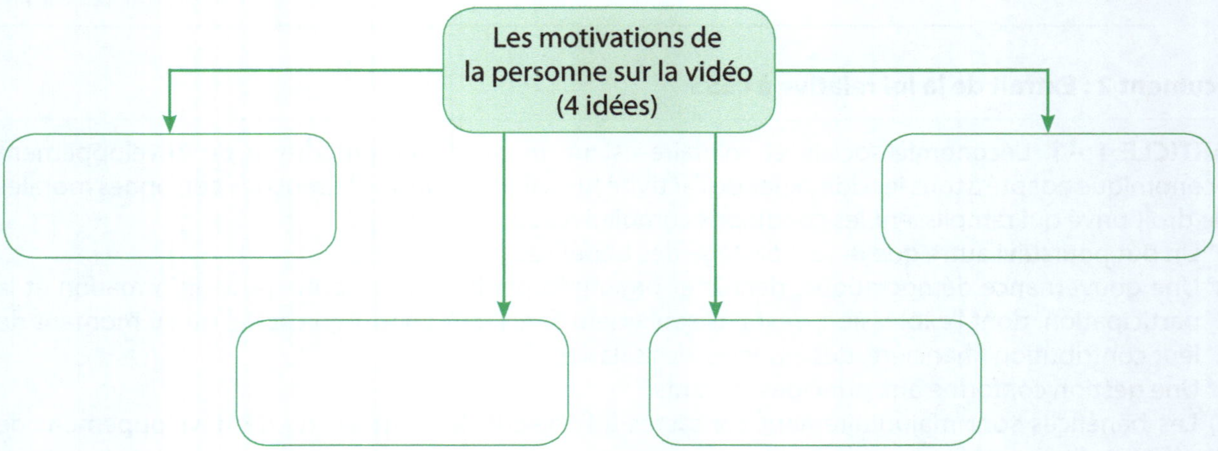

Document 5 : Les motivations pour créer une SCOP

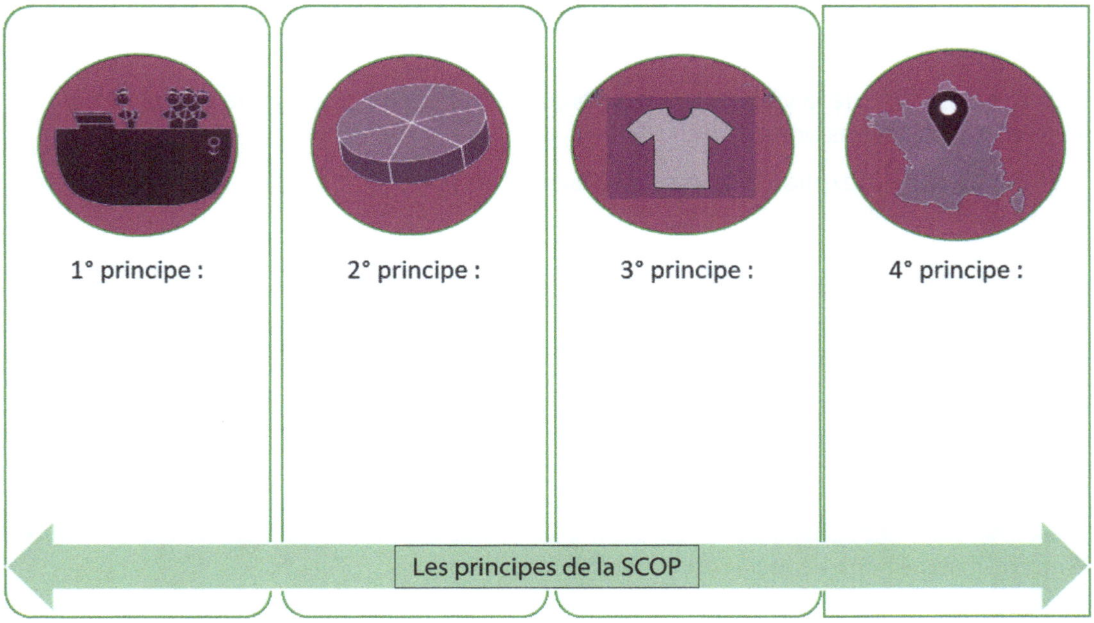

Réponse à la question posée : ....

....

....

3 La SCOP ÉTHIQUABLE et l'ESS

a) Au regard de ce qui a été abordé précédemment, pour quelles raisons peut-on affirmer que l'entreprise ÉTHIQUABLE est une entreprise de l'ESS ? (Argumentez votre réponse.)

....

....

....

....

....

b) En utilisant les informations fournies sur le site de l'entreprise (https://www.ethiquable.coop/page-rubrique-qui-sommes-nous/principes-notre-scop) et à partir des travaux réalisés lors de cette mission, élaborez un diaporama qui présentera la SCOP ÉTHIQUABLE et ses grands principes (six diapositives minimum).

2. LE MARCHÉ DU COMMERCE ÉQUITABLE

1 Le commerce équitable

Prenez connaissance de la vidéo « Le commerce équitable, une alternative globale » puis répondez aux questions qui suivent.

www.bertrand-lacoste.fr/2555-25.html

– Quel contexte peut expliquer la mise en place du commerce équitable (trois idées minimum) ?

....

....

– Quels sont les éléments du prix « juste » proposé par le commerce équitable ?

....

– Cochez pour chaque affirmation la case qui correspond à votre choix.

	Vrai	Faux
Quand le prix du marché diminue, le prix minimum diminue aussi		
Quand le prix du marché augmente, le prix minimum augmente aussi pour rester supérieur au prix du marché		
Le prix habituel ou conventionnel est anormal		

– Pour quelle raison le producteur du commerce équitable perçoit-il un revenu « confortable » ?

....

– Que garantit le commerce équitable ?

....

....

– Quel est le chiffre d'affaires du commerce équitable et comment évolue-t-il (voir document 8) ?

....

2 L'impact du commerce équitable : l'exemple du café

À partir du document 6, complétez le document 7 puis procédez aux calculs nécessaires.

Document 6 : La décomposition du prix d'un paquet de café

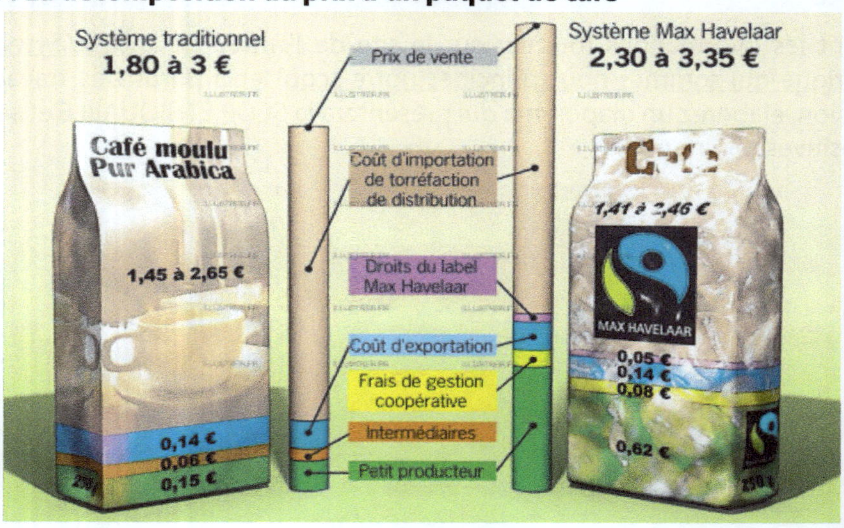

Max Havelaar.

Document 7 : Analyse des prix du paquet de café

	Système traditionnel			Système Commerce équitable		
	En €		En %*	En €		En %*
Prix minimum						
Prix maximum						
Rémunération petit producteur			(1)			
Intermédiaires						
Coût exportation						
Frais de gestion coopérative						
Label Max Havelaar						
Coût importation, torréfaction, distribution	**	***		**	***	
TOTAL						
(1) Calcul à justifier :						

* Arrondir à deux chiffres après la virgule.
** Prix minimum document 6.
*** Prix maximum document 6.

Commentez ici les résultats obtenus :

3 Le développement du commerce équitable et de l'entreprise ÉTHIQUABLE

En utilisant les données du Livret d'accueil et le document 8, complétez le document 9. Votre objectif sera de mettre en évidence les résultats de l'entreprise ÉTHIQUABLE par rapport à ceux du marché du commerce équitable et de commenter les résultats obtenus.

Document 8 : Le CA du commerce équitable en France

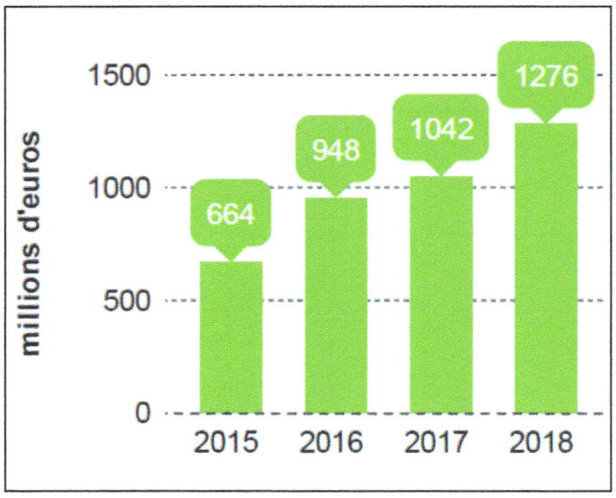

Document 9 : Les taux d'évolution du CA

Taux d'évolution	du CA du commerce équitable	du CA de l'entreprise ÉTHIQUABLE
2015/2016	(1)	
2016/2017		
2017/2018		
2015/2018		
(1)		

Commentaires relatifs à l'analyse du document 9

– Évolution du CA du marché :
– Évolution du CA de l'entreprise ÉTHIQUABLE :
– Situation de l'entreprise ÉTHIQUABLE sur le marché du commerce équitable :

4 Le panier moyen du commerce équitable

Le panier moyen entre 2012 et 2017 a été multiplié par 1,84. Celui de la période 2017/2018 a augmenté de 21,48 %. Vous déterminerez le panier moyen de 2012, 2017 et 2018 en utilisant une donnée fournie dans le document 8. Pour ce faire, il vous est précisé qu'en 2018 la population française était de 67 millions d'habitants.

Panier moyen du commerce équitable		
2012	2017	2018
(3)	(2)	(1)

Justification des calculs :

(1) : ....

(2) : ....

(3) : ....

Expliquez ce que signifie le chiffre de 2018 : ....

Commentez l'évolution du panier moyen depuis 2012 : ....

....

Au regard de tous les travaux réalisés dans cette partie, précisez si le commerce équitable constitue un marché porteur (quatre arguments) ?

– 1er argument : ....

– 2e argument : ....

– 3e argument : ....

– 4e argument : ....

Pour réussir cette mission, après avoir fait connaissance avec l'entreprise ÉTHIQUABLE, vous aurez à :

– participer à la conception d'un argumentaire,

– réfléchir au traitement des objections.

Mission 2

La vente de produits issus du commerce équitable

1. LA CONCEPTION D'UN ARGUMENTAIRE

Deux nouveaux produits vont être lancés prochainement. Du chocolat au lait riz soufflé et du chocolat noir intense au Gianduja (document 2).

Vous disposez d'une documentation sur le chocolat équitable et sur ces produits qui seront vendus. Consultez cette documentation et à partir de ces éléments, concevez un argumentaire. Vous pouvez consulter la **Fiche 15 : Argument** et la **Fiche 16 : Traitement des objections.**

Document 1 : Comment être sûr d'acheter du chocolat équitable ?

Il est bon pour l'environnement et bon pour ses producteurs... Mieux vaut privilégier le chocolat « équitable ».
Mais à quoi correspond-il ? Les critères du commerce équitable sont un engagement d'au moins trois ans entre le producteur et l'acheteur, un prix rémunérateur pour les travailleurs (jusqu'à 4 fois plus que pour une culture traditionnelle), l'interdiction du travail des enfants et un montant supplémentaire obligatoire versé par l'acheteur destiné à des projets collectifs.

Le cacao, nouvelle filière du commerce équitable
Aujourd'hui, plus de 5 millions de petits producteurs cultivent du cacao dans le monde et vivent encore pour la plupart en dessous du seuil de pauvreté. Face à eux, six grands industriels détiennent 50 % du marché du chocolat mondial.

Les labels, des garanties indispensables

Plusieurs labels ont été créés pour contrecarrer ces procédés, pour le cacao comme pour bien d'autres produits (café, thé, fruits, sucre...). Ces labels ont des règles : les certifications et les contrôles sont réalisés par des organismes indépendants (comme Ecocert). Sur le chocolat, on trouve les logos : Biopartenaire, Producteurs paysans, Max Havelaar, WFTO, Fair for life. La base du commerce équitable est le prix rémunérateur : celui qui couvre le coût de production, le coût de la vie du producteur et de sa famille, tout en permettant de développer l'exploitation de manière durable.

Un meilleur fonctionnement en Amérique Latine
En pratique, est-ce que ça marche ? Les diverses études constatent généralement un effet positif du commerce équitable. Sur ce continent, la marque ÉTHIQUABLE travaille avec de petites coopératives bio et achète le cacao au double du prix garanti par l'État. Ce qui permet aux producteurs d'avoir une marge de manœuvre pour l'investissement, la formation et le respect de son environnement.

D'après Max Havelaar.

Document 2 : Les produits ÉTHIQUABLE qui vont être lancés

www.bertrand-lacoste.fr/2555-26.html

www.bertrand-lacoste.fr/2555-27.html

Document 3 : La fabrication du chocolat

D'après le syndicat du chocolat.

Document 4 : Le chocolat noir n'en finit plus de nous étonner

Le chocolat noir

- Améliore la qualité du sommeil
- Aide à lutter contre les rides
- Protège le cœur et les artères (antioxydants)
- Réduit l'hypertension
- Permet de lutter contre le déclin cognitif
- Améliore les capacités sportives (épicatéchine)
- Améliore la concentration et la mémoire
- Est une arme anti-déprime

Top Santé, 2018.

Document 5 : Comparatif chocolat au lait classique et chocolat ÉTHIQUABLE

Davantage de cacao chez ÉTHIQUABLE et moins de sucre.
Un produit plus sain qui produit moins de graisse dans l'organisme.
Un produit aussi plus rémunérateur pour les petits producteurs car plus de la moitié de la tablette est constituée de cacao.

Document 6 : Les cinq sens pour reconnaître un chocolat de qualité

La vue	Le chocolat doit être homogène, brillant ou satiné.
Le toucher	Le chocolat doit être dur et lisse.
L'ouïe	La matière doit faire un « clac » quand elle est cassée. Si ce n'est pas le cas, c'est qu'elle est trop molle ou qu'elle s'effrite, preuve d'une mauvaise qualité ou d'une température de dégustation trop élevée.
L'odorat	Le chocolat ne doit pas sentir uniquement le sucre. S'il est noir, on peut y déceler toute une palette d'arômes, tels que des fruits secs, rouges ou jaunes, du café, du miel ou des épices. S'il est au lait, ce sera plutôt des notes de caramel.
Le goût	Les arômes doivent rester en bouche plusieurs minutes après la fin de la dégustation. C'est ce qu'on appelle l'allonge, un critère très important dans la dégustation.

1 Complétez les arguments ci-dessous en utilisant la technique « CAP ».

ARGUMENT n° 1
Caractéristique : Ce chocolat est issu du commerce équitable
Avantage :
Preuve :
ARGUMENT n° 2
Caractéristique : Ce chocolat est noir intense (en parlant de la tablette au Gianduja)
Avantage :
Preuve :
ARGUMENT n° 3
Caractéristique : Les fèves de cacao sont produites sans engrais ni pesticide (pour le chocolat au riz soufflé)
Avantage :
Preuve :

2 Comment argumenter ? Répondez à cette question en complétant le document ci-dessous.

Les règles à respecter lors de l'argumentation

	Vrai	Faux
Lorsque le vendeur argumente, il doit instaurer un climat de confiance		
Il est possible d'adapter la réalité lorsque l'on argumente		
On peut dénigrer la concurrence : pour vendre, tous les moyens sont bons !		
Il faut demander ponctuellement au client son avis afin d'adapter son argumentation		
Le vendeur doit observer les réactions du client lorsqu'il argumente		
Le vendeur doit donner le maximum d'éléments sur le produit pour déclencher l'acte d'achat		
Les arguments doivent être adaptés au client		
Le vendeur doit être convaincu que ses produits sont de qualité ; de la sorte, il sera plus convainquant		
Il faut garder un argument choc afin d'obtenir l'accord du client s'il hésite		
Lors de l'argumentation, le regard doit être franc et direct		
La technique CAP n'est pas la meilleure technique d'argumentation		
La dégustation renforcera l'argumentation du vendeur		

3 La dégustation

a) Pourquoi est-elle si importante pour un produit comme le chocolat ? ....

....

....

b) Comment va-t-elle s'adresser aux consommateurs ? ....

....

....

....

c) Va-t-elle être déclencheur d'achats ? Pourquoi ? ....

....

....

....

d) Comment allez-vous inciter votre prospect à déguster votre chocolat ? ....

....

....

e) Quelles sont les règles d'hygiène que vous devrez respecter lors de cette dégustation ? ....

....

....

....

4 L'argumentaire

Concevez un argumentaire qui fera apparaître pour chaque rubrique présente dans le document ci-dessous au minimum un argument.

Thèmes abordés	Arguments
L'entreprise ÉTHIQUABLE	
Le commerce équitable	
Le bio	
Le chocolat au lait et au riz soufflé	
Le chocolat noir au Gianduja	
Mobile de sécurité	

2. LE TRAITEMENT DES OBJECTIONS

Prenez connaissance de la **Fiche 16 : Traitement des objections** puis réalisez les travaux demandés.

1 Qu'est-ce qu'une objection ?

....

....

2 Que peut-elle traduire ?

....

....

3 Rappelez le nom des différents types d'objection et donnez un exemple pour chacune d'entre elles. Pour ce faire, remplissez le schéma ci-dessous. Les exemples seront différents de ceux présents dans la fiche ressource.

Objection	**Exemple :**
Objection	**Exemple :**
Objection	**Exemple :**

4 Quelle attitude devez-vous adopter face à une objection ? Barrez les propositions qui ne vous conviennent pas.

- Reformuler l'objection
- Contrer le client
- Écouter l'objection
- Couper la parole au client
- Avoir un regard franc et direct
- Souffler lors de sa formulation
- Faire preuve d'empathie

5 La réfutation des objections : l'objectif du vendeur est de diminuer la force de l'objection et de rassurer son client. Répondez aux objections en utilisant la technique prescrite.

Objection	Réponse avec la technique
C'est cher !	Oui, mais :
Je ne suis pas sûr que ce soit équitable !	Questionnement :
Vous êtes sûr qu'il est vraiment meilleur ?	Témoignage :
J'ai peur que ce chocolat ne lui convienne pas.	Affaiblissement :
Je préfère le chocolat Lindt.	Choix de la technique :
On m'a dit que le chocolat ne se conservait pas très longtemps.	Choix de la technique :

Lors de cette mission, vous devrez :

- analyser un rayon,
- étudier la rentabilité du rayon,
- déterminer l'allocation du linéaire,
- mettre en place un mobilier spécifique en boutique.

Mission 3

La présence de la marque dans les rayons

1. ANALYSE D'UN RAYON

Dans la quasi-totalité des GMS, la marque ÉTHIQUABLE est implantée dans le rayon « Commerce équitable/ bio »([1]-document 2). Elle est ponctuellement présentée en entrée de rayon ([2]-document 3) pour mettre en avant des nouveautés ou rappeler aux clients qu'elle existe. Votre responsable vous demande de vous rendre dans le magasin Cora de Clermont-Ferrand et d'y analyser les résultats de la marque ÉTHIQUABLE.

Document 1 : Plan de l'hypermarché

cora

Clermond-Ferrand

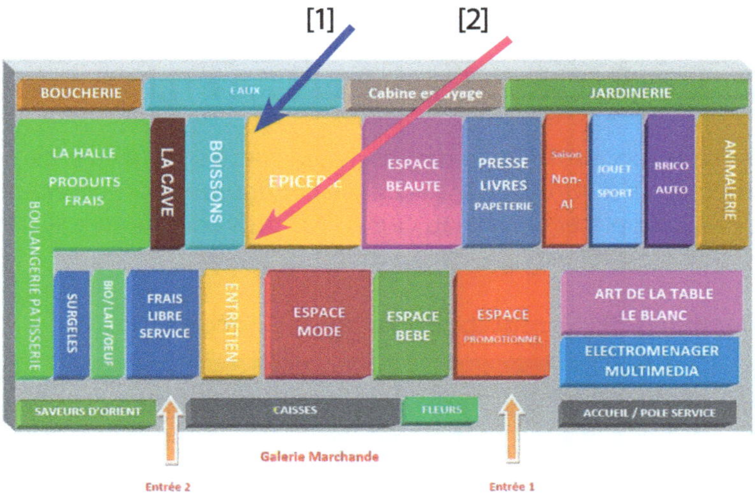

Document 2

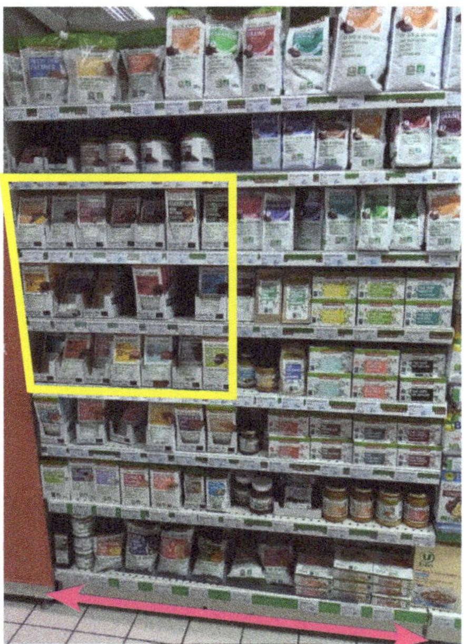

L : 1,33 m

Document 3

L : 1 m

Prenez connaissance des documents 1 à 3 puis analysez les deux types d'implantation en renseignant le tableau ci-dessous.

Document 4 : Analyse des deux types d'implantation

Implantation en rayon (document 2)		Implantation en entrée de rayon (document 3)	
Points forts/Points faibles :		Points forts/Points faibles :	
Type d'implantation		Type d'implantation	
Linéaire au sol du meuble		Linéaire au sol du meuble	
Linéaire développé du meuble		Linéaire développé du meuble	

2. L'ÉTUDE DE LA RENTABILITÉ DU RAYON

Votre responsable vous demande de mettre en évidence les performances du rayon Chocolat de la marque ÉTHIQUABLE dans les deux configurations (documents 2 et 3 ; parties encadrées en jaune). Vous devez compléter le tableau ci-dessous puis commentez les résultats. Auparavant, consultez la **Fiche 17 : Rendement et rentabilité du rayon**.

Document 5 : La rentabilité du rayon Chocolat

Relevé mensuel	CA HT	Marge brute totale	Linéaire développé	Rentabilité	Rendement
Implantation document 2	1 162,80	(1)	(3)	(4)	(5)
Norme de la marque			2 m	649 €/ml	247 €/ml
Implantation document 3	978,30	(2)			
Norme de la marque			1 m	805 €/ml	306 €/ml

Calculs à justifier :

(1) : (Taux de marque moyen du chocolat 38 %) ....

(2) : (Taux de marque moyen du chocolat 34 %) ....

(3) : .... (4) : .... (5) : ....

Commentez ici les résultats obtenus :

3. L'ALLOCATION DU LINÉAIRE

La marque ÉTHIQUABLE a lancé dernièrement cinq nouvelles références. Elle possède des relevés de linéaires sur une durée d'un mois où ces produits ont été commercialisés pour la première fois. Votre responsable vous demande de les analyser. Pour ce faire, vous aurez à déterminer les indices de sensibilité de ces références ainsi que les coefficients de rotation. Prenez connaissance de la **Fiche 21 : Marchandisage de gestion** (livre de première).

1 Vous expliquez à votre responsable l'utilité des IS ; pour cela, complétez le schéma ci-dessous.

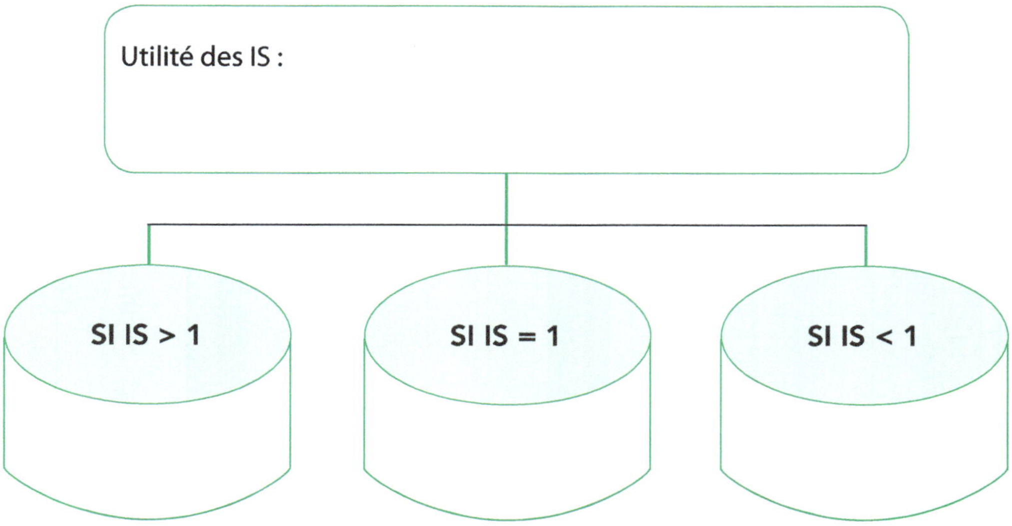

2 Quelle peut être l'utilité du coefficient de rotation en matière d'allocation de linéaire ?

Coefficient élevé	Cela signifie :
Coefficient faible	Cela signifie :

3 Les deux critères d'analyse que sont les indices de sensibilité et le coefficient de rotation sont-ils complémentaires ? Argumentez votre réponse.

....

....

Justification des calculs des tableaux de la page suivante :

(1) : .... (2) : ....

(3) : .... (4) : ....

(5) : .... (6) : ....

Document 6 : La détermination du linéaire développé de chaque référence

	PV TTC	PV HT	PA HT	SI	QL	SF	QV	CA HT	MB unitaire	MB totale	TM
Madagascar 85 %	2,30	(1)	1,44	45	80	31	(2)	(3)	(4)	(5)	(6)
Équateur 80 %	1,99		1,27	40	125	50					
Haïti 72 %	2,29		1,42	52	60	19					
Gianduja	2,22		1,15	48	100	66					
Lait Riz soufflé	2,25		1,32	20	85	10					
TOTAL											

	LD en %	IS CA	IS MB	IS moyen	Nv Linéaire	SM	CR	VR
Madagascar 85 %	20 %	(7)	(8)		(9)	(10)	(11)	(12)
Équateur 80 %	20 %							
Haïti 72 %	20 %							
Gianduja	30 %							
Lait Riz soufflé	10 %							
TOTAL								

(7) : .... (8) : ....

(9) : .... (10) : ....

(11) : .... (12) : ....

4. LA MISE EN PLACE D'UN MOBILIER SPÉCIFIQUE EN BOUTIQUE

Document 7 : Le meuble de vente du chocolat

En boutique bio, le responsable de la gamme Chocolat de la marque ÉTHIQUABLE souhaite mettre en avant ce produit régulièrement dans un meuble en carton rigide.

Vous devez concevoir un argumentaire qui sera transmis aux magasins afin que ce meuble, valorisant pour la marque, soit adopté dans ces points de vente.

Le meuble est constitué de 8 niveaux de 5 cases chacun. Pour les quatre premiers niveaux (du bas vers le haut), chaque case a une profondeur de 6 cm pour les quatre suivants, la profondeur est de 3 cm.

Les dimensions d'une tablette de chocolat sont :

– Hauteur : 19 cm,

– Profondeur : 0,7 cm

– longueur : 9,2 cm

Pour mener à bien ce travail, répondez aux questions qui suivent.

1 Quel est l'intérêt de fournir un meuble PLV ?

....

....

2 Complétez le document 8 à partir de l'observation du document 7 et de vos connaissances.

Document 8 : Analyse du meuble

Linéaire au sol		Linéaire développé	
Frontale		CS* dans une case niveau 1	
CS* totale du meuble		CS* dans une case niveau 5	

*CS : capacité de stockage.

3 Le meuble en carton coûte à la marque ÉTHIQUABLE 200 €. Sachant que le prix moyen d'une tablette de chocolat est de 2,30 € TTC et que le taux de marque pratiqué pour les produits qui y seront installés est de 38 %, calculez combien il faut vendre de tablettes de chocolat pour couvrir ces frais. Auparavant, prenez connaissance de la **Fiche 18 : Rentabilité d'une opération commerciale**.

....

....

4 Le meuble a été testé dans plusieurs boutiques de la région Occitanie. Vous procéderez à l'analyse des résultats obtenus sur la période du mois de juillet N.

Document 9 : Analyse des ventes

	Quantité vendue	PV moyen TTC*	CA TTC	CA HT	MB totale
Boutique Bio SÈTE (34)	220	2,45			
Boutique Bio NÎMES (30)	245	2,47			
Boutique Bio ALBI (81)	175	2,29			
Boutique Bio MURET (31)	129	2,19			
Boutique Bio NARBONNE (11)	285	2,49			
Total					
Moyenne					
Analyse des résultats :					

*TVA 5,50 %.

5 En utilisant les résultats de vos observations et grâce à vos connaissances, proposez des arguments qui vous permettront de convaincre les distributeurs d'adopter ce meuble.

Argument 1	
Argument 2	
Argument 3	
Argument 4	

Dans le cadre de cette mission, vous aurez à concevoir un brief pour une chaîne de magasins.
Pour cela, vous devrez :
– énumérer les étapes d'une animation,
– réfléchir à la méthodologie d'une animation (préparation, réalisation et bilan),
– concevoir un brief,
– analyser les résultats d'une animation.

Mission 4

La réalisation d'une action d'animation

Votre responsable a réussi à référencer le chocolat de la marque dans le réseau BIOCOOP. Il vous demande de concevoir le kit de l'animateur du chocolat de la marque ÉTHIQUABLE afin de faire parvenir à la chaine de magasins vos préconisations pour mener à bien des actions d'animation en point de vente.

1. LES GRANDES ÉTAPES D'UNE ANIMATION

Pour chaque étape, énumérez les différentes tâches à réaliser. Pour ce faire, complétez le document ci-dessous. Aurapavant, consultez la **Fiche 19 : Concevoir une animation**.

Document 1 : Les étapes de l'animation

Préparation de l'action	Réalisation de l'action	Bilan de l'action

2. LA PRÉPARATION DE L'ACTION

Lors de la mission 2, vous avez réalisé un argumentaire sur le chocolat. En utilisant ces éléments et vos connaissances, répondez aux questions posées dans le document 2.

Document 2 : La méthode OQQQCP

Où ?	Indiquez sur le plan du magasin (document 3) où vous allez implanter votre stand. (Justifiez votre choix)

Qui ?	Faut-il recruter des animateurs ou les vendeurs du magasin peuvent-ils assurer cette tâche ?
Quoi ?	Recensez, à partir du site ÉTHIQUABLE, les produits de la gamme Chocolat à mettre en avant. Vaut-il mieux présenter toute la gamme ou n'en sélectionner qu'une partie ? (Justifiez vos choix)
Quand ?	Y a-t-il une période propice pour réaliser cette animation ? Avant de répondre à cette question, lisez le document 4.
Comment ?	Complétez le document 5 puis précisez quel est l'impact d'une dégustation.
Pourquoi ?	Quel sont les objectifs de l'animation ?

Document 3 : Le plan type d'un magasin BIOCOOP

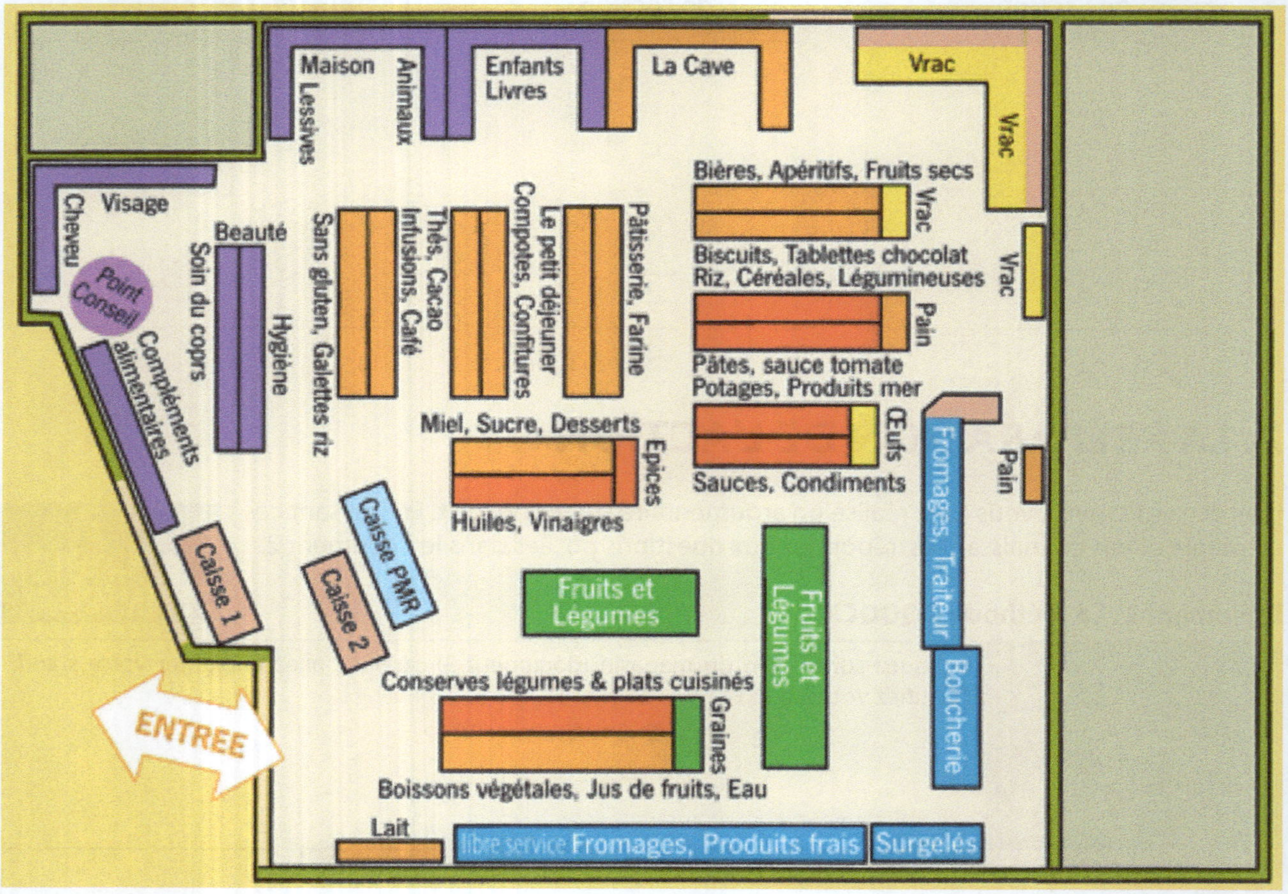

Document 4 : Réaliser l'animation au bon moment

Il est utile de réaliser des animations en magasin pour des raisons diverses.

Il faut aussi s'interroger sur la période où ces dernières seront mises en place. Pour cela, il est nécessaire de déterminer la ou les périodes dans l'année, dans le mois ou dans la semaine propice à ce type d'action. Rien ne doit être laissé au hasard. Le magasin privilégiera les fins de semaine où l'affluence est importante afin de susciter des achats et d'être remarqué par le plus grand nombre.

La saisonnalité de vente du chocolat doit être un critère qui doit guider les choix du responsable du magasin. En effet, les dégustations peuvent être utiles en basse saison pour rappeler que le produit ou la marque existe ; en haute saison elles permettront à la marque d'exister face à la concurrence. Attention pour les marques de chocolat qui ne produisent que du chocolat en tablettes, elles doivent se faire discrètes sur les périodes phares que sont Noël et Pâques.

Document 5 : Le stand utilisé

Les équipements à utiliser pour animer, dynamiser et théâtraliser le stand (matériel, produits, accessoires, tenue) :

3. LA RÉALISATION DE L'ACTION

Vous avez décidé de la date de l'animation puis où vous installer en magasin. Vous avez aussi monté votre stand. Vous êtes prêt à recevoir le client.

1 Quelle sera votre phrase d'accroche :

– pour rentrer en contact avec le client ?

....

– pour inciter le client à déguster le chocolat ?

....

2 Que dites-vous au client lors de la dégustation pour l'inciter à l'achat ?

....

....

3 Quelle attitude les animateurs doivent-ils adopter ? Donnez dix conseils à leur prodiguer.

....

....

4. LE BILAN DE L'OPÉRATION D'ANIMATION

Ce dernier est à la fois quantitatif et qualitatif. En complétant le schéma qui suit, mettez en évidence les différences entre ces deux bilans.

Bilan quantitatif

Caractéristiques :

Bilan qualitatif

Caractéristiques :

◆ Un des deux bilans est-il plus important que l'autre (argumentez votre réponse) ?

....

....

5. LA CONCEPTION DU BRIEF

Vous concevez le brief à communiquer aux animateurs en respectant le cahier des charges ci-dessous. Ce brief peut prendre la forme d'un diaporama ou de quatre fiches format A5.

Document 6 : Consignes pour l'élaboration du brief

Brief ÉTHIQUABLE

L'entreprise : sa philosophie, le format SCOP, lieu d'implantation, les produits vendus, le nombre de salariés, les labels et le commerce équitable.

Le chocolat, étendue de la gamme, le chocolat au lait, noir, grand cru, provenance, la fabrication du chocolat. Les arguments les plus habituels.

4 fiches de présentation

Fiche sur l'état des stocks ; en début de journée, les ventes, le stock en fin de journée, les commandes à passer éventuellement.

Les qualités à posséder pour réussir l'animation ; liste des savoir-faire à maîtriser et des savoirs être à adopter. La tenue conseillée.

6. L'ANALYSE DES RÉSULTATS D'UNE ANIMATION

Une animation test a eu lieu dans le magasin BIOCOOP de Quimper les vendredi 7 et samedi 8 novembre de 10 h à 19 h. Votre responsable vous demande de mettre en évidence le bilan quantitatif et qualitatif de cette opération.

Pour ce faire, procédez aux calculs qui vous permettront de compléter le document suivant et de réaliser ces analyses. Prenez connaissance de la **Fiche 9 : Mesurer les retombées d'une action d'animation**.

Document 7 : Le bilan de l'animation

ETHIQUABLE		Chocolat grand cru	Chocolat noir	Chocolat au lait	Total
Vendredi	CA habituel	24,00 €	21,00 €	52,50 €	
	CA durant l'animation	62,40 €	26,40 €	60,90 €	
	Objectif de vente animation	50,00 €	40,00 €	80,00 €	
	Indice de réalisation				
Samedi	CA habituel	50,50 €	29,30 €	60,50 €	
	CA durant l'animation	103,20 €	46,20 €	86,10 €	
	Objectif de vente animation	100,00 €	50,00 €	90,00 €	
	Indice de réalisation				

Résultats du questionnaire		
Connaissance de la marque avant l'animation	Oui 23 %	Non 77 %
Avez-vous apprécié le chocolat ?	Oui 73 %	Non 27 %
Le produit est-il de qualité ?	Oui 78 %	Non 22 %
Le produit est-il vendu à un prix raisonnable ?	Oui 82 %	Non 18 %
L'animateur a-t-il été compétent ?	Oui 77 %	Non 23 %
Avez-vous acheté le produit ?	Oui 57 %	Non 43 %
Quelle note attribuez-vous à l'animation ? (1 à 5 ; 1 très insuffisant, 2 insuffisant, 3 moyen, 4 satisfaisant et 5 très satisfaisant)	1 : 3 % ; 2 : 7 % ; 3 : 12 % ; 4 : 44 % ; 5 : 34 %	

BILAN QUANTITATIF	BILAN QUALITATIF

Au cours de cette mission, vous procéderez :
- à l'analyse des ventes,
- à la mesure de la satisfaction client,
- à la mise en place d'actions commerciales.

Mission 5

Le suivi des ventes et la satisfaction de la clientèle

Le magasin BIOCOOP de Quimper, magasin « test » pour la marque ÉTHIQUABLE réalise une étude des ventes et de l'image de la marque auprès de sa clientèle afin de répondre à ses exigences. Pour atteindre cet objectif, le responsable de la boutique vous demande de réaliser l'analyse des ventes de ces produits au sein du magasin, de mesurer la satisfaction de la clientèle et de proposer des actions afin de renforcer la satisfaction.

1. L'ANALYSE DES VENTES

Prenez connaissance du document ci-dessous, puis mettez en évidence les performances des quatre familles principales de produits de la marque ÉTHIQUABLE référencées chez BIOCOOP. Pour ce faire, complétez les documents 1 et 2 puis justifiez les calculs.

Document 1 : Les résultats des ventes du magasin de Quimper (trimestre 4 – année N)

Critères (taux de TVA 5,5 %)	Chocolat	Café	Infusions	Épicerie sucrée/salée	TOTAL
CA TTC (N)	3 695,00	4 224,00	2 127,00	6 369,00	
CA TTC (N–1)	3 469,00	4 032,00	2 613,00	5 827,00	
Taux évolution du CA (N–1 ; N)	(1)				(2)
CA HT (N)	(3)				
Répartition du CA TTC (N) en %	(4)				
Répartition du CA TTC (N–1) en %					
Coût d'achat des marchandises vendues (N)	2 071,00	1 582,00	1 608,00	2 872,00	
Marge brute totale (N)	(5)				
Répartition de la MB totale (N) en %					
CM moyen (N)	(6)				(7)
LD	2,33	3,00	2,33	4,64	
Rendement	(8)				(9)
Rentabilité	(10)				(11)
Décision à prendre (augmentation ou baisse du LD)					

Justification des calculs (deux chiffres après la virgule) :

(1) : .... (2) : ....

(3) : .... (4) : ....

(5) : .... (6) : ....

(7) : .... (8) : ....

(9) : .... (10) : ....

(11) : ....

Document 2 : Analyse des résultats

Critères d'analyse	Commentaires
Évolution du CA (en valeur absolue et en valeur relative)	
Répartition du CA	
MB réalisée par rapport au CA généré	
Coefficient multiplicateur	
Rendement/rentabilité	

2. MESURER LA SATISFACTION CLIENT

Pour compléter l'analyse quantitative précédente, le responsable du magasin BIOCOOP a administré un questionnaire auprès de 150 personnes au sein du point de vente.

Prenez connaissance de la **Fiche 20 : Dépouillement d'un questionnaire** et des documents 3 à 5 puis répondez aux questions qui suivent.

Document 3 : Le questionnaire de la marque ÉTHIQUABLE

biocoop — ETHIQUABLE — biocoop

VOTRE AVIS NOUS INTÉRESSE

Nous souhaiterions connaître votre avis sur les produits de la marque ÉTHIQUABLE que vous pouvez acheter au sein de notre magasin BIOCOOP. Pouvez-vous nous consacrer quelques instants pour répondre à ce questionnaire dont l'objectif est de mieux vous satisfaire ?

TS : Très satisfait, S : Satisfait, I : Insatisfait, TI : Très insatisfait et NC : Non connu	TS	S	I	TI	NC
1. Le conseil des vendeurs					
2. Le choix proposé par la marque					
3. La qualité des produits					
4. Les prix pratiqués					
5. L'accessibilité des produits en magasin					
6. Les promotions sur la marque					
7. Les nouveautés proposées					
8. Le concept (équitable)					

Merci de votre collaboration

Document 4 : Les résultats de l'enquête

En nombre de sondés	TS	S	I	TI	NC
1	75	45	30	/	/
2	90	45	10	5	/
3	85	48	7	5	5
4	52	28	33	32	5
5	(2)				
6					
7					
8					

Document 5 : Les résultats en pourcentage (tris à plat)

En %	TS	S	I	TI	NC
1	(1)				
2					
3					
4					
5	62	26	6	4	2
6	44	4	32	20	/
7	78	20	2	/	/
8	90	6	2	/	2

1 En utilisant les données du document 4, complétez les 4 premières lignes du document 5.

Justifiez le calcul demandé : (1) ....

2 Complétez les lignes 5 à 8 du document 4 en utilisant les données du document 5.

Justifiez le calcul demandé : (2) ....

3 Mettez en évidence :

– les deux critères les plus positifs pour la marque :

....

– les deux critères les plus négatifs pour la marque :

....

4 Proposez des solutions d'amélioration pour les deux éléments négatifs.

....

5 Pour conclure, précisez quelle est l'image de la marque ÉTHIQUABLE au sein du magasin.

....

3. LES ACTIONS À ENTREPRENDRE

Le responsable du magasin BIOCOOP souhaite tenir compte des remarques de la clientèle. Il envisage des actions commerciales dans deux domaines : les prix et les promotions.

Dans un premier temps, pour coller davantage aux attentes de la clientèle, le magasin décide de diminuer de façon durable le prix de certains produits de la marque ÉTHIQUABLE afin d'attirer une nouvelle clientèle.

1. À l'aide de vos connaissances et du document 6, complétez le document 7 à partir duquel vous établirez les nouveaux prix de certains produits de la marque.

Document 6 : Projet d'un nouveau tarif

ETHIQUABLE	**Projet de baisse de prix**	biocoop
Gammes (4 produits par gamme)	**Taux de baisse de prix envisagée**	**Taux de marque pratiqué**
Chocolat	10 %	32 %
Café	15 %	30 %
Infusions	22 %	24 %
Épicerie sucrée/salée	5 %	28 %
Rappel Taux de TVA pratiqué sur tous ces produits	5,50 %	
SRP (seuil de revente à perte)	Pour les produits alimentaires, ce seuil est relevé de 10 %	
Comment valider un nouveau PV HT ?	Le PV HT doit être supérieur au SRP	
Justification des calculs	(1)	(2)
(3)	(4)	(5)
Décision concernant la validation du prix	Nouveau PV HT > SRP	Nouveau PV HT < SRP

Document 7 : Les nouveaux prix de vente consommateur

Gammes de produits	PV TTC habituel	PV HT habituel	Nouveau PV TTC	Nouveau PV HT	PA HT	SRP	Nouveau PV HT validé ?	
							Oui*	Non*
Gamme Chocolat								
Noir 98 %	2,42	(1)	(2)	(3)	(4)	(5)		
Noir extra/bio	1,85							
Noir Gianduja	2,47							
Noir 78 %	2,39							
Gamme Café								
Moulu Colombie	3,69							
Arabica Colombie	7,89							
Moulu Honduras	3,26							
Moulu Équateur	3,25							
Gamme Infusions								
Thé tonique	2,59							
Tchaï aux épices	2,62							
Thé vert Vietnam	2,55							
Thé vert gingembre	2,55							
Gamme Épicerie sucrée/salée								
Beurre de cacahuète	4,08							
Riz au jasmin	2,96							
Sucre complet	2,27							
Pur jus mangue	3,95							
RÉSULTATS DES VENTES APRÈS BAISSE DE PRIX								
(S1 : semaine 1 ; S2 : semaine 2...)	**Indice S1**	**Indice S2**	**Indice S3**	**Indice S4**	**CA TTC S1**	**CA TTC S2**	**CA TTC S3**	**CA TTC S4**
Gamme Chocolat	100	103,50	107,30	109,80	62,55			
Gamme Café	100	102,40	98,20	101,10	127,32			
Gamme Infusions	100	102,50	105,30	107,50	32,04			
Gamme Épicerie sucrée/salée	100	104,00	107,00	112,40	78,09			

* Cochez la case qui correspond à votre choix.

2 Que constatez-vous pour la famille des infusions ? ....

3 Que préconisez-vous au responsable du magasin ? ....

....

4 Vous communiquez en magasin sur ces baisses de prix. Pour ce faire, concevez une affiche qui sera disposée à l'entrée du magasin et sur les réseaux sociaux. Respectez le cahier des charges défini dans le document 8.

Document 8 : Les éléments à faire apparaître sur l'affiche

Vous concevrez une affiche au format : A3.

Faire apparaitre les logos BIOCOOP et ÉTHIQUABLE.

Proposez une accroche et donnez plusieurs exemples de baisses significatives. Rappelez que cette baisse de prix est permanente sur les produits cités. Vous pouvez exprimer cette baisse de prix en centimes ou en pourcentage (voir document 7). Utilisez la technique la plus significative. Soyez original ; réalisez une affiche attractive.

Rappelez-vous que souvent efficacité rime avec simplicité ; une affiche lisible est souvent peu « chargée » en informations. Pensez à coordonner les couleurs. Enfin, rappelez-vous qu'un message sur une affiche se lit en « Z ».

5 Selon vous, est-il plus utile de proposer une baisse de prix durable sur quelques produits ou vaut-il mieux réaliser des promotions ponctuelles en changeant régulièrement de produits ? Pour répondre à cette question, complétez le document 9.

Document 9 : Quelle technique de baisse de prix adopter ?

Critères d'analyse	Baisse de prix permanente sur certains produits	Promotions régulières sur un nombre important de produits
Avantages		
Inconvénients		

6 Le responsable du magasin souhaite vendre les quatre produits de la gamme Infusions à prix coûtant. Quels seraient les prix si une telle décision était prise ?

....

....

7 À la suite de ces baisses de prix, le commerçant a réalisé des statistiques de vente. Pour cela, il a mis en place des indices d'évolution. Pour les quatre produits de chaque gamme, il a affecté l'indice base 100 au chiffre d'affaires de la première semaine (voir document 7). Déterminez le CA des semaines suivantes en utilisant les indices d'évolution fournis dans le document 7.

8 Commentez les résultats obtenus. Les baisses de prix ont-elles eu les résultats escomptés ?

....

....

Mission 1

Faisons le point

La découverte de l'économie sociale et solidaire

L'économie sociale et solidaire

– C'est :

Les SCOP ← Qu'est-ce que c'est ?

....

....

....

....

Le commerce équitable ← Qu'est-ce que c'est ?

....

....

....

....

....

Mission 2

Faisons le point

La vente de produits issus du commerce équitable

Un argumentaire est constitué ....

Un argument est composé →	– – –	→ – Ce chocolat possède un label bio. – Il est sain pour la santé. – Regardez le logo. Voulez-vous le goûter ?
Argumenter →	Signifie :	
La dégustation ou la démonstration →	Permet :	
L'objection →	Traduit : Il faut la traiter : Les techniques :	

Mission 3

La présence de la marque dans les rayons

Faisons le point

La description du rayon	Les éléments analysés : …………………………… …………………………… …………………………… …………………………… …………………………… ……………………………
La rentabilité du rayon	Pour mettre en évidence les performances d'un rayon, on étudie : Sa : …………………………… …………………………… Son : …………………………… ……………………………

L'allocation du linéaire	Déterminer s'il faut augmenter ou diminuer le linéaire du produit	**IS < 1**	**IS > 1**	**IS = 1**

Mission 4

La réalisation d'une action d'animation

Faisons le point

<table>
<tr><th colspan="2">PRÉPARER L'ACTION</th></tr>
<tr><td colspan="2">– Se poser des questions : ……………………………
– Connaître les produits : ……………………………
– Préparer le matériel (……………………………) et ……………………………</td></tr>
<tr><th colspan="2">RÉALISER L'ACTION</th></tr>
<tr><td colspan="2">– Installer le stand : ……………………………
– Attitude à adopter : ……………………………</td></tr>
<tr><th colspan="2">ÉVALUER LE BILAN DE L'ACTION</th></tr>
<tr><th>BILAN QUANTITATIF</th><th>BILAN QUALITATIF</th></tr>
<tr><td></td><td></td></tr>
</table>

Mission 5

Faisons le point

Le suivi des ventes et la satisfation de la clientèle

Le suivi des ventes est assuré en trois temps

Analyser des ventes

– Objectifs :

– Outils utilisés :

Mesurer la satisfaction client

– Objectifs :

– Outils utilisés :

Entreprendre des actions commerciales

– Objectifs :

– Outils utilisés :

Quelques activités ludiques sur la plateforme LearningApps.org

Nom de l'activité	Le QR-code pour y accéder via le smartphone
Le mémory de la mission 3 : reconstituer des paires de cartes.	www.bertrand-lacoste.fr/2555-28.html
Qui veut gagner le titre du meilleur professionnel de la mission 3 ?	www.bertrand-lacoste.fr/2555-29.html
Le vocabulaire de la mission 3 à retrouver à partir du célèbre jeu du pendu.	www.bertrand-lacoste.fr/2555-30.html

Allons plus loin

Exercice 1 Amazon : des journalistes révèlent un business de fausses notes positives en échange de produits gratuits

Les commentaires positifs et les notes « cinq étoiles » sont parmi les éléments indispensables pour séduire les acheteurs en ligne.

Pour améliorer leur visibilité sur les sites, certains vendeurs n'hésitent donc pas à faire appel à des intermédiaires pour organiser le remboursement d'achats en échange de commentaires flatteurs, de notes positives ou de photos des produits publiées sur la plateforme.

Un produit remboursé en échange de 5 étoiles

Il s'agit à chaque fois de produits disponibles sur Amazon et proposés à la vente en échange d'un remboursement total. Seule contrepartie pour l'acheteur : « *rédiger un commentaire élogieux de l'article commandé, lui octroyer cinq étoiles sur cinq et prendre des photos* ».

Des groupes mis en place par les vendeurs Amazon

Derrière ce business parallèle, il y a le vendeur lui-même. L'enquête indique que c'est lui qui prend contact avec un intermédiaire chargé de trouver (...) des clients qui vanteront les mérites de ses produits. Cet intermédiaire perçoit entre trois et quatre euros par produit commenté.

Pour trouver des acheteurs, les intermédiaires s'adaptent. Sur Facebook, ils utilisent la messagerie privée Messenger alors que sur Telegram, ils passent la plupart du temps par un chatbot, un programme qui collecte nos informations de manière automatique. [...]

Un système interdit illégal depuis 2016

Pourtant, depuis 2016, Amazon interdit toute publication de commentaires en échange de produits gratuits. Mais ce marché des faux commentaires semble encore très florissant.

Un système où tout le monde y gagne

L'équipe qui a mené l'enquête a contacté d'anciens employés d'Amazon, une experte en e-commerce, des intermédiaires et des acheteurs réguliers. Tous ont confirmé que les vendeurs remboursaient l'achat de leurs produits pour se faire une place sur les sites d'e-commerce. Les commentaires positifs et les ventes générées par ces achats remboursés propulsent leurs produits en haut du classement sur Amazon. Pour les vendeurs, mieux leurs produits sont classés, meilleures sont les ventes. C'est donc un système gagnant-gagnant : les vendeurs remboursent quelques commandes pour générer de vraies ventes, les intermédiaires sont rémunérés au commentaire, et les acheteurs obtiennent des produits gratuitement.

Une perte de confiance dans les avis postés

Mais ce système, en plus d'être interdit par la plateforme de commerce en ligne, pose des problèmes dans la confiance des avis postés. En effet, le marché parallèle fausse les moyennes des produits, car les acheteurs octroient une note généralement supérieure à la réalité.

La riposte d'Amazon

Chaque semaine, ce seraient 10 millions de commentaires qui seraient analysés par Amazon. Mais la tâche reste difficile. En effet, les faux commentaires ont tout des vrais : des photos, un texte long et descriptif.

RTBF, 6 décembre 2020..

Prenez connaissance du texte puis répondez aux questions qui suivent.

1. Quelle est la situation décrite dans le texte ? ....

....

2. Le groupe Amazon est-il responsable de la situation ? ....

....

3. Citez les intervenants qui profitent de la situation. ....

....

4. Qui est le grand perdant de cette situation ? ....

5. Pensez-vous que de tels procédés peuvent inciter le client à revenir vers le commerce « en dur » ?

....

....

Exercice 2 À la découverte du Fairphone

Rendez-vous sur le site de Fairphone :
https://shop.fairphone.com/fr/fairphone3
Découvrez le Fairphone 3 et le Fairphone 3+.

1. Quelle est la caractéristique principale de ce smartphone ?

....

2. Seriez-vous prêts à changer votre téléphone pour celui-là (argumentez votre réponse) ?

....

....

3. Vous vendez ce téléphone ; proposez trois arguments structurés pour convaincre votre client.

Argument 1 : ....

Argument 2 : ....

Argument 3 : ....

4. Un client vous dit : « Cette marque n'est pas connue ; je n'ai pas confiance. Et en plus, c'est cher ! ». Que répondez-vous ?

....

....

FICHES RESSOURCES – LIVRE DE PREMIÈRE

Fiche Ressource 1 : Accueillir le client
www.bertrand-lacoste.fr/2555-32.html

Fiche Ressource 2 : Aménagement du PDV
www.bertrand-lacoste.fr/2555-33.html

Fiche Ressource 3 : Analyse et suivi des ventes
www.bertrand-lacoste.fr/2555-34.html

Fiche Ressource 4 : Argumentation
www.bertrand-lacoste.fr/2555-35.html

Fiche Ressource 5 : Assortiment
www.bertrand-lacoste.fr/2555-36.html

Fiche Ressource 6 : Calculs commerciaux : Principe
www.bertrand-lacoste.fr/2555-37.html

Fiche Ressource 7 : Calculs commerciaux : Formulaire
www.bertrand-lacoste.fr/2555-38.html

Fiche Ressource 8 : Circuit de distribution
www.bertrand-lacoste.fr/2555-39.html

Fiche Ressource 9 : Communication
www.bertrand-lacoste.fr/2555-40.html

Fiche Ressource 10 : Communication commerciale
www.bertrand-lacoste.fr/2555-41.html

Fiche Ressource 11 : Connaissance du client
www.bertrand-lacoste.fr/2555-42.html

Fiche Ressource 12 : Contrat de franchise
www.bertrand-lacoste.fr/2555-43.html

Fiche Ressource 13 : Facteurs d'ambiance
www.bertrand-lacoste.fr/2555-44.html

Fiche Ressource 14 : Fiche produit
www.bertrand-lacoste.fr/2555-45.html

Fiche Ressource 15 : Fidélisation : Actions
www.bertrand-lacoste.fr/2555-46.html

Fiche Ressource 16 : Fidélisation : Mesure
www.bertrand-lacoste.fr/2555-47.html

Fiche Ressource 17 : Formes de commerce
www.bertrand-lacoste.fr/2555-48.html

FICHES RESSOURCES – LIVRE DE PREMIÈRE

Fiche Ressource 18 : **Gestion des stocks**
www.bertrand-lacoste.fr/2555-49.html

Fiche Ressource 19 : **Inventaire et démarque**
www.bertrand-lacoste.fr/2555-50.html

Fiche Ressource 20 : **Marchandisage**
www.bertrand-lacoste.fr/2555-51.html

Fiche Ressource 21 : **Marchandisage de gestion**
www.bertrand-lacoste.fr/2555-52.html

Fiche Ressource 22 : **Marchandisage, observation du produit dans le rayon**
www.bertrand-lacoste.fr/2555-53.html

Fiche Ressource 23 : **Marché**
www.bertrand-lacoste.fr/2555-54.html

Fiche Ressource 24 : **Marque**
www.bertrand-lacoste.fr/2555-55.html

Fiche Ressource 25 : **Méthodes de vente**
www.bertrand-lacoste.fr/2555-56.html

Fiche Ressource 26 : **Métier du commerce et de la distribution**
www.bertrand-lacoste.fr/2555-57.html

Fiche Ressource 27 : **Politique de prix**
www.bertrand-lacoste.fr/2555-58.html

Fiche Ressource 28 : **Prix d'acceptabilité**
www.bertrand-lacoste.fr/2555-59.html

Fiche Ressource 29 : **Prix de vente**
www.bertrand-lacoste.fr/2555-60.html

Fiche Ressource 30 : **Questionnaire de satisfaction**
www.bertrand-lacoste.fr/2555-61.html

Fiche Ressource 31 : **Satisfaction de la clientèle : Actions**
www.bertrand-lacoste.fr/2555-62.html

Fiche Ressource 32 : **Techniques de vente**
www.bertrand-lacoste.fr/2555-63.html

Fiche Ressource 33 : **Vitrine**
www.bertrand-lacoste.fr/2555-64.html

Fiche Ressource 34 : **Zone de chalandise**
www.bertrand-lacoste.fr/2555-65.html

Fiche Ressource 1

Méthodologie : calculs et graphiques

Dans le commerce, il est souvent très utile de calculer des taux d'évolution et des proportions. Il est aussi indispensable de comprendre le fonctionnement d'un diagramme circulaire et d'un graphique en bâton.

Les taux d'évolution permettent de constater la variation d'une donnée et de la comparer aux résultats antérieurs. Le calcul de proportions suit la même logique. Les graphiques permettent, quant à eux, de visualiser rapidement les résultats.

Le calcul du taux d'évolution

Principe	Exemple et formule
Il s'agit de calculer l'augmentation ou la baisse d'une variable (CA, panier moyen, PV) sur une période	Le CA est passé de 150 € à 165 € entre 2019 (valeur de départ) et 2020 (valeur d'arrivée) (165 – 150) / 150 x 100 = + 10 % d'augmentation
Formule à utiliser → Remarque : un taux d'évolution peut être négatif et aussi supérieur à 100 %	$\frac{\text{(valeur d'arrivée – valeur de départ) x 100}}{\text{valeur de départ}}$

Le calcul d'une proportion

Principe	Exemple et formule
Il s'agit de mettre en évidence l'importance d'un élément dans un groupe. Cette importance est exprimée en pourcentage.	Le CA du rayon bébé est de 150 K€ et celui du magasin de 800 K€. Le CA du rayon bébé en % du CA total est calculé de la façon suivante : (150 / 800) x 100 = 18,75 %. Le CA du rayon bébé représente donc 18,75 % du CA du magasin.
Formule à utiliser → Remarque : Une proportion est toujours comprise entre 0 et 100 %.	$\frac{\text{(valeur étudiée) x 100}}{\text{ensemble des valeurs}}$

Le diagramme circulaire : Il permet de représenter une répartition de données en %. Chaque donnée appartient au même ensemble. Par exemple, le CA de l'entreprise ATM est réparti sur quatre pays. En France, on y réalise 44,4 % du CA total.

Comment tracer le diagramme ?
- Prendre la part en % de chaque pays.
- Grâce à cette part, calculer l'angle en degré pour chaque pays : 360° x part du pays = angle à représenter. Pour la France, on a en jaune sur le graphique : 360° x 44,4 % = 159,84° soit un angle de 160°.
- La somme des angles doit donner 360°

Répartition du CA de l'entreprise ATM

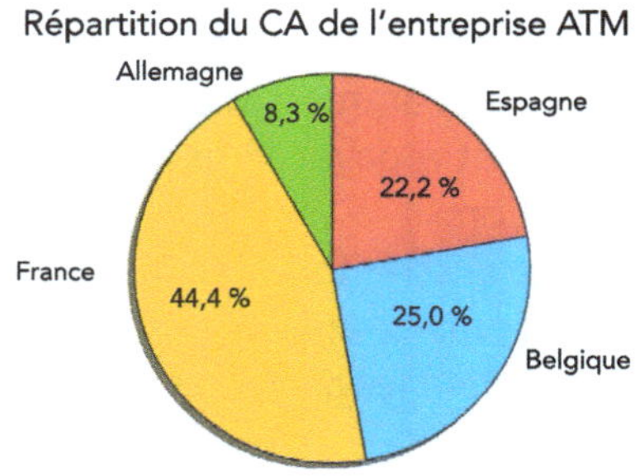

Le diagramme en bâton : Il s'agit de représenter des données pour les comparer ou pour montrer leur évolution dans le temps.

Comment tracer le diagramme ?
- Tracer un axe de centre O.
- Placer sur l'axe horizontal les éléments observés.
- Placer sur l'axe vertical la quantité (CA, PDM).
- Tracer les bâtons en fonction des données fournies.
- Par exemple sur le graphique, on observe qu'Orange a le plus grand nombre d'abonnés (22,37 millions).

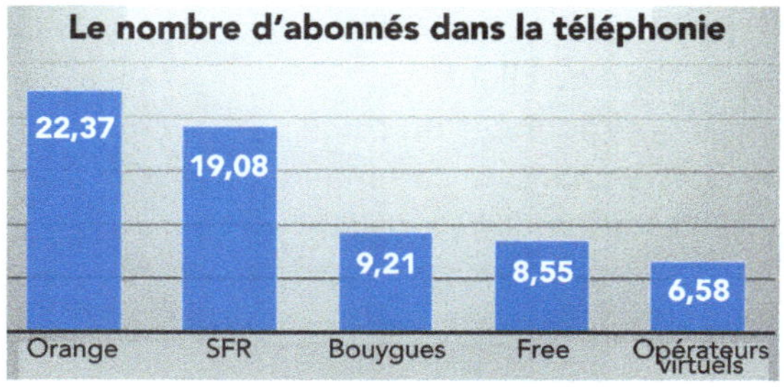

Le nombre d'abonnés dans la téléphonie

Fiche Ressource 2

Documents commerciaux (1)

Lorsqu'un commerçant souhaite s'approvisionner auprès d'un fournisseur habituel, il lui demande un devis avant de passer commande. Une fois la marchandise commandée, elle est livrée puis facturée.

Ces différentes étapes, qui permettent d'acheter des produits, sont matérialisées par des documents commerciaux qu'il convient de connaître.

Le devis

propolia FRANCE (1)

DEVIS

(3)

N° 145
DATE : 30/09/2021

DATE D'EXPIRATION 31/11/2021 (4)

Expert en produits de la ruche depuis 1979

Avenue du Lac
34800 Clermont L'Hérault
04 67 96 38 14

À Emma AURIOL (2)
BIO-Esthétic
3 rue de l'hôtel de ville
81100 CASTRES
05 63 75 95 41
Réf. 145

COMMERCIAL	PORT	CONDITIONS DE PAIEMENT	ECHEANCE
M. BECO	3% de la commande HT	À la réception	Au comptant

(5)

QTE	DESCRIPTION	PRIX UNITAIRE	TOTAL DE LA LIGNE
20	Masque visage (réf. 145 251 6587.2)	9,40	188,00
15	Crème de nuit (réf. 132 524 3366.4)	14.20	213,00
		SOUS-TOTAL	401,00
		PORT	12,03
		(6) T.V.A.	82,61
		TOTAL	495,64

Devis établi par : M Beco
Ce devis concerne les marchandises nommées. Il est soumis aux conditions mentionnées ci-dessous : marchandises livrables dès réception de l'accord du client contre paiement au comptant le jour de la livraison.
Pour accepter ce devis, apportez votre signature ici et renvoyez-le : par mail ou par courrier à l'adresse indiquée en en-tête.

(7)

Nous vous remercions de votre confiance

Il s'agit d'une estimation du coût éventuel d'une marchandise, d'une prestation qui n'engage pas le client. Un devis peut être payant.
Le devis engage, pour une durée, le vendeur sur un prix, une référence et des délais.
Éléments obligatoires :
- (1) Nom du fournisseur
- (2) Nom du client
- (3) N° du devis
- (4) Durée du devis
- (5) Marchandise concernée
- (6) Dépense éventuelle TTC
- (7) Modalités d'acceptation

Le bon de commande

Le bon de commande est un document où le commerçant s'engage à accepter et à payer la marchandise à réception.
Il engage aussi le fournisseur qui doit fournir la marchandise commandée en respectant les délais, les quantités et les prix.
Éléments obligatoires :
- (1) Intitulé du document
- (2) N° du bon de commande
- (3) Nom du client
- (4) Coordonnées du client
- (5) Marchandise commandée
- (6) Montant à payer TTC

BIO esthétic

(1)

Bon de commande N° 410 (2)

Soumis par	Mme Auriol (3)
Téléphone	05 63 72 95 41
Adresse e-mail	Contact-bio.esthetic@gmail.com
Adresse	3 rue de l'hôtel de ville
Code postal/Ville	81100 Castres (4)

Article	Description	Quantité	Prix unitaire	Montant
réf. 145 251 6587.2	Masque Visage	20	9,40	188,00
réf. 132 524 3366.4	Crème de nuit (5)	20	14.20	284,00
	Port			14,16
	Total HT			97,23
	Montant TVA			486,16

Total TTC **583,39** (6)

Fiche Ressource 3

Documents commerciaux (2)

Lorsque le commerçant reçoit la marchandise, il doit vérifier qu'elle est conforme à celle qui a été commandée. Cela lui permet de limiter sa démarque en mettant en évidence rapidement les erreurs éventuelles.

Pour disposer d'une gestion des stocks efficace, le commerçant doit ajouter la marchandise au stock afin de connaître en temps réel l'état de ses stocks. Il ne lui reste plus aussi qu'à payer sa facture.

Le bon de livraison

Bon de livraison (1)

propolia FRANCE (2)

Expert en produits de la ruche depuis 1979

N° 1074 A
DATE : 12/10/2021

Avenue du Lac
34800 Clermont L'Hérault (3)
04 67 96 38 14

À Emma AURIOL
BIO-Esthétic
3 rue de l'hôtel de ville
81100 CASTRES
05 63 75 95 41

(6) Reste à livrer 5 masques visage (réf. 145 251 6587.2). A notre charge dans les 48 h
Le responsable des livraisons

(4)

QTE	DESCRIPTION	PRIX UNITAIRE	TOTAL DE LA LIGNE
15	Masque visage (réf. 145 251 6587.2)	9,40	188,00
15	Crème de nuit (réf. 132 524 3366.4)	14.20	213,00

Bon de livraison à signer pour transfert de propriété de la marchandise.
Signature du client et tampon

(5) (7)

Nous vous remercions de votre confiance

Il doit être fidèle au bon de commande. Il prouve la bonne livraison et réception des produits vendus au client.
En le signant, le client atteste que la marchandise est bien reçue. Il peut émettre des réserves à la signature (coli abimé) ou au déballage par LRAR.

Éléments obligatoires :
- (1) Nom et N° du document
- (2) Nom du fournisseur
- (3) Nom du client
- (4) Marchandise livrée
- (5) Signature du client
- (6) Remarque éventuelle
- (7) Signature du transporteur

La fiche de stock

Elle est utile, soit pour passer commande afin d'éviter la rupture ; soit pour assurer la vente au quotidien en magasin lorsque le produit n'est pas disponible dans la surface de vente mais présente en réserve.
Dans la pratique, ce document est informatisé.

Éléments obligatoires :
- (1) Nom du document
- (2) Nom du fournisseur
- (3) Nom et référence produit
- (4) Mouvements de stock
- (5) Stock final

Fournisseur : Propolia (2)
Masque visage (3)
Référence : 145 251 6587.2

(1) **FICHE DE STOCK Octobre N**

Dates	N° du bon	Entrées			Sorties			Stock		
		Q	PV	M	Q	PV	M	Q	PV	M
12/10	BL 1074 A	15	9,4	141				15	9,4	141
14/10	BL 1074 A	5	9,4	47				20	9,4	188

(4) (5)

La facture : Voir la Fiche Ressource n° 4 : Facture.

Fiche Ressource 4

Facture

Lorsque la vente est réalisée entre professionnels, il faut obligatoirement une facture qui doit être éditée et conservée par les deux parties.

La facture, pour le consommateur final, permet de dater le début de la garantie. Elle représente le contrat établi lors d'une transaction commerciale. Elle doit respecter des règles de forme (article L. 441-3 du Code de commerce).

Les éléments de la facture

Les éléments obligatoires

- Coordonnées du fournisseur
- Date de facturation
- Mode de paiement
- Coordonnées du client
- Montant à payer TTC
- Articles commandés
- Montant brut HT
- Montant des remises
- Nom du document
- Quantité commandée

Analyse d'une facture

La facture est constituée de trois parties.

AIDE LANGUE 6, rue du Louvre 75001 PARIS Le 10 mai N		Facture n° 81 **Entreprise EUREKA** 16, bd de l'Espérance 63100 RIOM	
Désignation	**Quantité**	**Prix unitaire**	**Montant**
– Carnets de notes	10	4,50	45,00
– Tablettes 64 Go	5	199,00	995,00
Paiement à 30 jours		Montant total HT Montant TVA (20 %) Montant TTC	1 040,00 208,00 1 248,00

- En-tête (avec les coordonnées du fournisseur et du client)
- Le corps (avec les produits commandés, leur prix et leur quantité)
- Le pied (avec les montants HT et TTC)

Les réductions

Il en existe de natures différentes ; elles permettent de réduire le montant à payer.

Réductions commerciales

Remise : accordée afin de tenir compte de la qualité du client et/ou de la quantité commandée.	**Rabais** : accordé au client pour un retard de livraison ou un défaut de qualité.	**Ristourne :** accordée en fin de période sur le total du CA réalisé.

Réductions financières

Escompte : accordé au client pour un paiement au comptant ou avant l'échéance de sa facture.

Les frais de transport et d'emballage

Lorsque la marchandise est envoyée « franco de port », il n'y a pas de frais de port pour le client. Dans le cas contraire, elle est en « port dû », ce qui signifie que le port est à la charge du client. Le port est alors soumis au même taux de TVA que la marchandise transportée. Les mêmes règles s'appliquent aux frais d'emballage.

Fiche Ressource 5

T.V.A.

La TVA (taxe sur la valeur ajoutée) est un impôt qui est payé, contrairement à l'impôt sur le revenu, par tous les Français. Dès que nous sommes en position d'acheteur et que nous payons un produit, nous versons de la TVA à l'État.
La TVA a rapporté à l'État 208 milliards d'euros en 2019.

Sur le plan commercial, seul le client final paie cet impôt. Il existe un mécanisme de compensation qui permet aux intermédiaires du commerce de se faire rembourser le montant de la TVA qu'ils paient sur tous leurs achats.

La TVA, qu'est-ce que c'est ?

C'est un impôt payé par le client final (acheteur ou utilisateur du produit) qui s'ajoute au PV HT. Il représente 50 % des recettes fiscales de la France. La TVA est un impôt qui rapporte énormément puisque 1 point de TVA (au taux normal) rapporte 6,5 milliards d'euros à l'État. On dit que c'est un impôt indirect car il est collecté par une autre personne (ici le commerçant) que celle qui le récupère.

Les différents taux de TVA

2,10 %	5,50 %	10 %	20 %
Concerne essentiellement les médicaments et les publications de presse. On parle de taux super réduit.	Appliqué principalement sur les produits alimentaires et les tickets de cinéma notamment. Il s'agit du taux réduit.	Ce taux particulier s'applique pour les foires, les salons, les musées, les zoos et dans le transport.	Ce taux de TVA appelé taux normal concerne la majorité des biens de consommation et de prestation de services.

À titre de comparaison, le taux normal pratiqué en Allemagne est de 19 %, au Royaume-Uni 20 %, en Italie 22 % et au Japon 8 %.

Le mécanisme de la TVA

Pour éviter qu'un même produit soit taxé plusieurs fois lorsqu'il circule du producteur au consommateur, un système de déduction de la TVA payé par les entreprises a été mis en place afin qu'elles ne paient pas le montant de la TVA.

Le mécanisme de la TVA à partir d'un exemple

Fabricant	PV HT	Montant TVA	PV TTC
Commerçant	80 €	16 €	96 €
Client final	100 €	20 €	120 €

	TVA collectée sur les ventes	TVA déductible sur les achats	TVA reversée à l'État
Fabricant	16	0	16
Commerçant	20	16	4

Un fabricant revend un produit 96 € TTC à un commerçant. Il encaisse 16 € de TVA qu'il reverse à l'État.
Le commerçant revend ce produit au client final 120 € TTC. Sur cette vente, il récupère 20 € de TVA. (TVA collectée). Il paie à l'État la différence entre la TVA qu'il a perçue lors de sa vente (20 €) et la TVA qu'il a payée (TVA déductible) lors de son achat (16 €). Il ne verse donc que 4 € à l'État.
Au final, le client paie le produit 120 € et verse sans s'en apercevoir 20 € à l'État.

Fiche Ressource 6 : *Construction d'un site* – *voir le QR-code page 35.*

Fiche Ressource 7

Diaporama

Le diaporama constitue un support performant qui permet, lorsqu'il est utilisé à bon escient, de renforcer son message lors d'une prestation orale.

Pour le rendre efficace, il doit respecter un certain nombre de règles. Il doit permettre de valoriser le travail qui est mis en avant.

Les questions à se poser avant de concevoir un diaporama

- **À qui est-il destiné ?**
- **Quel est son but ?**
- **Quel est le message délivré ?**

Les règles de conception à respecter

Limiter le nombre de diapositives (15 maximum)	La 1re diapositive doit présenter le thème et être attractive	La 2e diapositive doit présenter le plan
Le fond utilisé ne doit pas gêner la lecture	Les diapositives sont esthétiques et homogènes	Les diapositives sont claires, variées et lisibles
Une diapositive = une idée	Mettre peu de texte, utiliser des mots clés	Alterner textes, illustrations, photos, graphiques simples
Utiliser les mêmes tons de couleurs ; la même calligraphie	Pas de fautes d'orthographe et de grammaire	Miser sur la simplicité ; aérer les éléments du diaporama
Les idées sont organisées et le plan est cohérent	Se relire et faire relire pour améliorer le document	Les transitions permettent d'attirer l'attention

Le diaporama : un outil d'aide pour réussir l'oral

Qualités du diaporama et conseils			
1	Il faut utiliser le diaporama et ne pas le « subir »	4	Il permet de captiver tout l'auditoire
2	Le diaporama est au service de l'orateur	5	Il doit permettre de valoriser l'oral
3	Il ne faut pas lire les diapositives	6	Il n'empêche pas de maitriser son sujet

Réussir son oral en utilisant un diaporama

Pensez à sourire → Placez votre voix → Le ton est agréable → Le débit n'est pas trop rapide → Être enthousiaste → Être convaincant et dynamique → Verbal et non verbal sont en accord → Les phrases sont courtes et claires → Regardez tout votre auditoire

Maintenant à vous de jouer !

Fiche Ressource 8

Plan de marchéage

Pour assurer le succès d'un produit, d'une marque ou d'une entreprise, il est nécessaire d'élaborer un plan de marchéage.

Ce dernier, appelé aussi les « 4 P » ou le marketing-mix, consiste à prendre des décisions stratégiques dans quatre domaines afin d'atteindre les objectifs fixés. Ces décisions doivent être en accord les unes avec les autres. Il s'agit aussi d'un outil permettant de lutter contre la concurrence.

Les quatre domaines du plan de marchéage

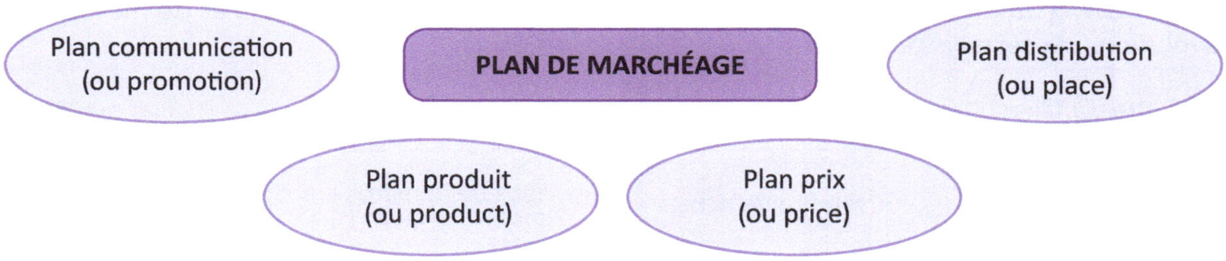

Le contenu de chaque variable : Des décisions prises dans des domaines variés et complémentaires.

PLAN PRODUIT	PLAN PRIX	PLAN COMMUNICATION	PLAN DISTRIBUTION
Cycle de vie, nom du produit, qualité, concept, emballage, conditionnement, design, positionnement, intégration à la gamme.	Politique de prix, stratégie d'écrémage, de pénétration, d'alignement, mixte, prix magique, d'acceptabilité, législation, image.	Médias, types de messages, publicité, promotion, marketing direct, argumentation commerciale, slogan, utilisation d'Internet.	Canaux, force de vente, type de distribution (sélective, ouverte, exclusive), animation du réseau, méthodes de vente, marchandisage.
En connaissant les caractéristiques des produits	**En respectant les contraintes légales**	**Pour promouvoir les produits**	**Pour vendre les produits**

Les caractéristiques du plan de marchéage

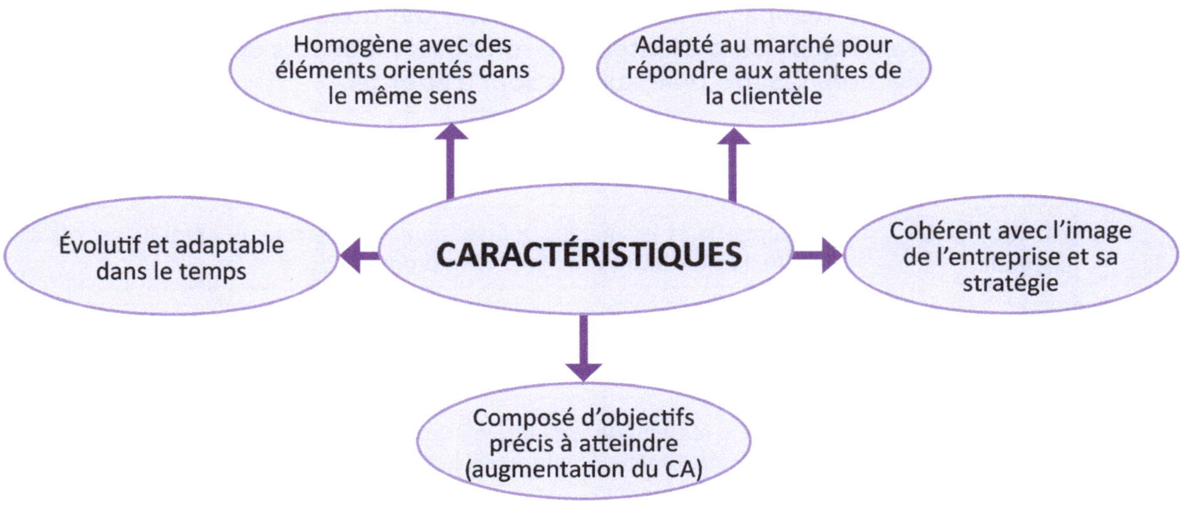

Fiche Ressource 9

Mesurer les retombées d'une action d'animation

Face à une concurrence souvent importante, innovante et face au développement de l'e-commerce, le commerçant doit réaliser régulièrement des actions d'animation.

Ces dernières permettent de créer ou de maintenir un lien avec la clientèle. Elles renforcent l'image du magasin. Il est indispensable d'en analyser les retombées pour, le cas échéant, les améliorer. Pour ce faire, une analyse quantitative et qualitative à la suite de l'opération doit être réalisée.

Le bilan quantitatif : Il s'agit de comparer les résultats aux objectifs et de mesurer les évolutions de certains paramètres.

Chiffre d'affaires	Marge brute totale	Quantité vendue	Panier moyen
Nombre d'entrées	Nombre de tickets	Taux de démarque promotionnelle (1)	Taux de transformation (2)
Taux de remontée (3)	Coût de l'opération	Nouvelles fidélisations	Rentabilité de l'opération

Pour chaque élément ci-dessus, il sera nécessaire de déterminer son taux d'évolution (par rapport à une action commerciale précédente) et son indice de réalisation (par rapport aux objectifs fixés).

TAUX D'ÉVOLUTION	INDICE DE RÉALISATION
(VA – VD) / VD x 100	(Valeur réalisée / Objectif pour la valeur) x 100

(1) Taux de démarque promotionnelle* : (Montant de la démarque / CA HT réalisé) x 100

* La marge diminue lors d'une opération commerciale portant sur le prix. Dans ce cas, il faut calculer ce que perd le vendeur à chaque fois qu'il vend un produit en promotion.

(2) Taux de transformation : $\frac{\text{Nombre de personnes entrant dans le magasin x 100}}{\text{Nombre de personnes achetant un produit de l'animation}}$

(3) Taux de remontée : $\frac{\text{Nombre de personnes se rendant au magasin x 100}}{\text{Nombre de personnes contactées}}$

Le bilan qualitatif : Cette analyse consiste à se poser des questions. Les réponses seront obtenues à partir des remarques de la clientèle, de son observation lors de l'animation et d'un questionnaire de satisfaction. Quatre thématiques sont à aborder.

Le maintien de l'image de marque	L'action réalisée a-t-elle été cohérente avec l'image de marque ? Cette dernière a-t-elle été renforcée ?
La satisfaction de la clientèle	Les supports et les médias utilisés étaient-ils pertinents ? Ont-ils permis d'atteindre la cible et de valoriser l'offre produit ?
L'étude des médias et supports utilisés	La réglementation a-t-elle été respectée (le seuil de revente à perte, l'hygiène pour les animations portant sur un produit alimentaire) ?
Le respect des règles	Quel est le ressenti de la clientèle ? Cela passe par l'élaboration et l'administration d'un questionnaire auprès de la clientèle.

Fiche Ressource 10

Réception de marchandises

La réception de la marchandise doit être réalisée très en amont de la vente, avec sérieux et attention, afin d'éviter des erreurs sources de démarque, ce qui peut pénaliser le résultat du point de vente.

Pour ce faire, certains contrôles sont à réaliser. Ils permettent le cas échéant d'engager la responsabilité éventuelle du fournisseur et/ou du transporteur.

L'adage à avoir en tête en matière de réception est « Pour bien vendre, il faut savoir bien acheter ».

Les différents contrôles lors de la réception

Les contrôles quantitatifs

- Vérifier que le nombre de colis livré correspond au nombre de colis noté sur le bon de livraison.
- Vérifier que la quantité livrée correspond à la quantité commandée.

Les contrôles qualitatifs

- Examiner l'état des colis.
- Vérifier l'état de la marchandise reçue soit au moment de la livraison soit très rapidement après la livraison.
- Contrôler les références livrées ; correspondent-elles à celles qui ont été commandées ?

La responsabilité des différents intervenants lors d'une livraison

LE FOURNISSEUR → Il doit fournir la marchandise en état. Cette dernière, de plus, doit correspondre à ce qui est noté sur le contrat de transport.

LE LIVREUR → La responsabilité du transporteur est engagée en cas de retard de livraison, de perte ou de détérioration de la marchandise transportée. Il doit réparer le dommage.
La livraison met fin à l'exécution du contrat de transport.

LE COMMERÇANT → Le commerçant peut émettre des réserves* sur le bon de livraison de façon très précise (référence manquante, référence détériorée) ; il est possible de joindre des photos. Ces réserves sont à confirmer dans les trois jours par LRAR**.

* Les mentions du type « sous réserve de déballage » n'ont aucune valeur juridique. Si aucune réserve n'est mentionnée lors de la livraison, la marchandise est déclarée acceptée par le client et aucun recours ne pourra avoir lieu par la suite (sauf si l'objet du litige n'était pas visible lors de la livraison).

** Le mail est admis entre professionnels (voir la vidéo).

www.bertrand-lacoste.fr/2555-31.html

Fiche Ressource 11

Cadencier

Qu'il soit manuel ou informatisé, le cadencier est un outil stratégique au service du commerçant.

Il lui permet de connaître les ventes de ses produits, de réaliser les commandes et d'analyser les performances de chaque produit ainsi que celles de ses fournisseurs.

Les éléments du cadencier :

Le cadencier regroupe des informations sur le fournisseur, les produits achetés par le commerçant, la fréquence des achats, les quantités vendues, les ventes moyennes et les quantités à commander.

Réf	Prix achat HT	Nom produit	Semaine 1 2/5 au 8/5			Semaine 2 9/5 au 15/5			Semaine 3 16/5 au 22/5			Semaine 4 23/5 au 29/5			PV TTC	Ventes hebdomadaires moyennes
LANVIN			SI	C L	V	SI	C L	V	SI	C L	V	SI	C L	SI	**LANVIN**	
101	2,10	à cuire 100 g	10	20 20	**26**	4	20 20	**21**	3	20 20	**22**	1			3,50	**23**
102	2,20	à croquer 100 g	9	20 20	**18**	11	20 20	**24**	7	20 20	**6**	21			3,75	**16**
103	3,10	à cuire 200 g	11	20 20	22	**9**	20 20	28	**1**	40 40	28	**13**			4,00	**26**

SI : stock initial ; C : commande ; L : livraison ; V : ventes (tous ces éléments sont exprimés en quantités).

La plupart des cadenciers sont horizontaux mais il existe des cadenciers verticaux. Le cadencier Lanvin est horizontal car le temps se déroule horizontalement.

Les calculs à réaliser dans un cadencier

Quantités vendues (QV) = Stock initial 1re semaine + Quantité livrée – Stock initial 2e semaine – SI semaine 1 : 10 produits – Quantité livrée (L) : 20 produits – SI semaine 2 : 4 produits – Ventes semaine 1 = 10 + 20 – 4 = 26 ventes.

Les ventes hebdomadaires : Pour chaque référence, faire la somme de toutes les ventes et diviser par le nombre de semaines. Calcul des ventes hebdomadaires moyennes pour la référence 101 :
(Ventes S1 + Ventes S2 + Ventes S3) / 3 = (26 + 21 + 22) / 3 = 23 ventes moyennes.

Le stock initial S2 (référence 103) :
Stock initial 1re semaine + Quantité livrée – Quantités vendues = 11 + 20 – 22 = 9

Les UC – les unités de conditionnement : Il est souvent difficile de commander les produits à l'unité. En général, les commandes sont faites par lots de 10, 15, 20 produits... selon les fournisseurs.

Les quantités à commander : Il est nécessaire de comparer pour chaque référence ce qui reste en stock (en fin de période) aux ventes hebdomadaires.
Par exemple, pour la référence 101, les ventes hebdomadaires moyennes sont de 23 produits. Le SI est de 1 produit. Si on ne commande pas, il y aura rupture de stock. Il faut en commander 22.
Soit : Quantité à commander = Ventes hebdomadaires moyennes – SI Semaine 4 = 23 – 1 = 22 produits.
Si l'UC est de 10 produits, il faudrait en commander 3 pour obtenir au moins 22 produits.

Quantité à commander pour la référence 102 : 16 ventes hebdomadaires et 21 produits en stock ; il y a suffisamment de produits en stock pour faire face aux ventes éventuelles. Il ne faut donc pas commander. Quantité à commander référence 103 : 26 – 13 = 13 produits.

Fiche Ressource 12

Règle des 20/80

L'assortiment d'un magasin est constitué par un nombre élevé de références. L'enjeu pour le responsable du PDV est d'éviter la rupture de stock, synonyme à terme de dégradation de l'image de marque, et d'empêcher le surstockage qui peut entrainer une immobilisation financière importante.

Pour faciliter la gestion des stocks, Pareto a défini une règle qui permet de sélectionner les produits qu'il faudra gérer efficacement sans rupture et sans surstockage.

La loi de Pareto ou règle des 20/80 : Selon Pareto, dans une entreprise il y a deux catégories de produits. C'est celle qui génère le maximum de marge brute qui doit être gérée sans rupture.

		permettent de réaliser
1re catégorie	**80 % des produits** →	**20 % de la MB totale**
2e catégorie	**20 % des produits** →	**80 % de la MB totale**

Le mode de calcul : Pour mettre en évidence la loi de Pareto, il est nécessaire d'élaborer un tableau comme celui présenté ci-dessous. Puis, il faut compléter les colonnes numérotées de 1 à 6.

Colonne 1	Dénombrer le nombre de produits présents dans chaque rayon
Colonne 2	Réaliser le cumul croissant du nombre de produits
Colonne 3	Déduire du calcul précédent le cumul croissant en pourcentage
Colonne 4	Recenser la MB totale de chaque rayon
Colonne 5	Calculer le cumul croissant de la MB totale de chaque rayon
Colonne 6	Transformer le cumul précédent en pourcentage

	(1)	(2)	(3)	(4)	(5)	(6)
Rayon	**Nombre de références**	**Cumul croissant des produits**	**Cumul croissant des produits en %**	**MB totale par rayon**	**Cumul MB totale par rayon**	**Cumul MB totale par rayon en %**
1	2 000	2 000	13,33 %	5 040	5 040	56,00 %
2	1 000	3 000	20,00 %	2 160	7 200	80,00 %
3	4 800	7 800	52,00 %	720	7 920	88,00 %
4	4 000	11 800	78,66 %	630	8 550	95,00 %
5	3 200	15 000	100,00 %	450	9 000	100,00 %
	15 000			9 000		

Une fois les calculs réalisés, il reste à faire apparaître la loi de Pareto (en jaune dans le tableau). On voit bien (ligne du rayon n° 2) que 20 % des produits représentent 80 % de la MB totale. C'est donc cette catégorie de produits qu'il faut privilégier.

La règle ABC : Il existe une règle similaire mais qui met en évidence trois catégories de produits.

A	**10 % des produits** →	**60 % MB totale**
B	**40 % des produits** →	**30 % MB totale**
C	**50 % des produits** →	**10 % MB totale**

Il est nécessaire de repérer ces trois catégories et de gérer efficacement les catégories A et/ou B en fonction des équipements informatiques et de gestion de l'entreprise.

Fiche Ressource 13

Seuil de rentabilité

Le seuil de rentabilité permet de déterminer le chiffre d'affaires minimum à réaliser afin de couvrir les frais liés à une animation ou une action commerciale entreprise par le magasin pour lancer ou stimuler les ventes d'un produit.

Grâce au seuil de rentabilité, le vendeur pourra calculer la quantité minimale à vendre pour commencer à enregistrer des bénéfices. De la sorte, il pourra se fixer des objectifs de vente.

Pour déterminer le seuil de rentabilité, le commerçant doit concevoir un compte différentiel

(1) Basé sur une quantité de produits prévue à la vente

(2) Varient en fonction de l'activité

(3) Identiques quelles que soient l'activité, les ventes

	Chiffre d'affaires HT (1)
–	Charges variables (2)
=	Marge sur coût variable
–	Charges fixes (3)
=	Résultat

Charges variables : Achat de matières premières, packaging, frais de transport, commissions, salaires des vendeurs

Charges fixes : Loyer, abonnements téléphoniques, électriques, assurance, salaires administratifs, entretien des locaux

Résultat : Si le résultat est > 0 €, alors on a un bénéfice. Si le résultat est < 0 €, on a une perte

L'exploitation du compte différentiel pour obtenir le seuil de rentabilité :

Il est nécessaire de réaliser des calculs intermédiaires en utilisant les formules ci-dessous.

Marge sur coût variable = Chiffre d'affaires HT – charges variables

Taux de marge sur coût variable = (Marge sur coût variable / CA HT) x 100

Seuil de rentabilité (en €) = Charges fixes / Taux de marge sur coût variable

Seuil de rentabilité (en nombre de produits) = Seuil de rentabilité (en €) / PV HT unitaire moyen

Comment déterminer le point mort ?

Il s'agit du moment (en nombre de jours) à partir duquel le commerçant atteint son seuil de rentabilité.

Point mort = Seuil de rentabilité (en €) / QV moyenne journalière

Fiche Ressource 14

Réductions

Accorder une remise à son client n'est pas sans conséquences. Cela permet à court terme de gagner des ventes, d'augmenter le chiffre d'affaires et même de fidéliser la clientèle.

C'est une « arme » commerciale à double tranchant, car même s'il faut récompenser régulièrement son client, il est utile qu'il achète en dehors des promotions pour maintenir la marge. Sur un plan plus technique, le vendeur doit être capable de distinguer les différents types de réductions ainsi que leur mode de calcul.

Les trois réductions commerciales

REMISE	RABAIS	RISTOURNE
Elle tient compte de la qualité du client (fidélité) et/ou de l'importance de sa commande	Il permet de tenir compte de la défectuosité du produit ou d'un retard de livraison	Attribuée sur un montant global de commande réalisée auprès d'un fournisseur

L'escompte : Réduction financière accordée au client lorsqu'il paie comptant.

Le calcul d'un rabais ou d'une remise (simulation avec un PV initial de 150 €)

Le montant de la réduction	Le montant à payer par le client	Le calcul du taux de remise
PV TTC x Taux de réduction	PV TTC – Montant de la réduction	Montant de la remise x 100 / PV TTC
150 x 12 % = 18 €	150 – 18 = 132 €	(18 / 150) x 100 = 12 %

L'utilisation d'un coefficient de réduction : Pour passer du PV TTC initial au PV TTC avec réduction.

Formule à utiliser : 1 – taux de réduction = Coefficient de réduction	
Exemple 1 : Taux de remise de 20 % 1 – 12 % = 1 – 12 / 100 = 1 – 0,12 = 0,88	Exemple 2 : taux de remise de 4,5 % 1 – 4,5 % = 1 – 4,5/100 = 1 – 0,045 = 0,955
Exemple avec un prix initial à payer de 150 € Prix à payer : 150 x 0,88 = 132 €	Exemple avec un prix initial de 150 € Prix à payer : 150 x 0,955 = 143,25 €

Les réductions ne peuvent se cumuler et se calculent en cascade

Exemple : un commerçant accorde une remise de 10 % puis de 5 % à son client sur un prix initial d'un produit vendu 50 €.

Ce qu'il faut faire	Ce qu'il ne faut pas faire
Calcul du PV avec la première réduction : 50 x 0,9 = 45 € Calcul du PV avec la seconde réduction : 45 x 0,95 = 42,75 € 42,75 € est le PV TTC à payer par le client	Calcul en cumulant les deux taux de remise : 50 x (10 % + 5 %) = 7,50 € Calcul du PV : 50 – 7,50 € = 42,50 € On voit bien que les deux montants sont différents ; celui-ci étant faux

Le calcul de la ristourne : Elle se calcule par tranche sur le CA généré par le client auprès de son fournisseur. Exemple avec un CA de 36 000 €.

Tranches de calcul	Calcul	Résultat
< 10 000 € : 0 %	0 €	0 €
[10 000 ; 20 000] : 2 %	(20 000 – 10 000) x 2 % = 10 000 x 2 %	200 €
]20 000 ; 25 000] : 4 %	(25 000 – 20 000) x 4 % = 5 000 x 4 %	200 €
]25 000 ; 30 000] : 6 %	(30 000 – 25 000) x 6 % = 5 000 x 6 %	300 €
> 30 000 € : 8 %	(36 000 – 30 000) x 8 % = 6 000 x 8 %	480 €
Montant total de la ristourne		**1 180 €**

Fiche Ressource 15

Argument

Le vendeur doit être capable d'échanger et de communiquer avec son client afin d'établir une relation de confiance propice à l'achat.

Il doit être apte à cerner rapidement son client et son besoin afin de le convaincre d'acheter le produit qu'il lui propose. En amont, il aura préparé son argumentaire qui lui permettra de connaître et de vendre son produit.

Des arguments à replacer dans un contexte

C'est parce que le vendeur aura créé un bon climat et qu'il aura efficacement détecté le besoin de son client qu'il pourra proposer le produit adapté et argumenter.

Accueillir le client	Rechercher son besoin	Proposer un produit	→
Créer un climat favorable	Déterminer les motivations et les freins	Montrer que le produit correspond au besoin	**Vers l'argumentation**

Qu'est-ce qu'un argument ?

L'argument est toujours constitué de trois éléments.

CARACTÉRISTIQUES	+	AVANTAGE ou BÉNÉFICE	+	PREUVE	=	ARGUMENT STRUCTURÉ
C'est un élément descriptif du produit (nom, marque, composition, matériau, SAV, garantie...)		C'est le bénéfice que va retirer le client de ce qu'annonce le vendeur		Pour rester crédible et maintenir le climat de confiance, le vendeur doit prouver ce qu'il avance		**Il permet de convaincre le client ; chaque argument étant susceptible de susciter l'intérêt du client**
Ex : La carrosserie est garantie 10 ans		Ex : Elle ne demande pas un grand entretien et elle ne se fanera pas		Ex : Tenez, regardez ce modèle qui a déjà 10 ans ; la carrosserie est comme neuve !		

Qu'est-ce qu'argumenter ?

Le vendeur doit personnaliser les arguments qu'il énonce et les adapter à son client. Il lui est nécessaire de colorer ses arguments en fonction des mobiles du client (SONCASE).

Comment argumenter ?

L'attitude du vendeur doit être irréprochable lors de l'argumentation.

- Ne pas être technique
- Articuler
- Avoir un regard franc
- Observer les réactions du client
- S'exprimer clairement
- Ne pas utiliser de mots noirs*
- Être positif, dynamique
- Faire participer le client
- La démonstration ou la dégustation permettra de renforcer l'argumentation
- Conserver un argument percutant en réserve pour obtenir l'accord du client

* Exemples : problème, panne, soucis, non, retard de livraison...

Fiche Ressource 16

Traitement des objections

L'objection est l'expression d'un doute chez le client qui peut retarder ou empêcher son achat.

Le vendeur devra diminuer ce frein s'il veut mener à bien sa vente et la finaliser. Il devra donc contrôler que sa réponse satisfait le client. Ainsi, traiter des objections ne s'improvise pas.

Qu'est-ce qu'une objection ?

Il s'agit d'une réaction de défense* du client face à un argument du vendeur. La réponse du vendeur s'appelle une contre-objection ; elle est destinée à rassurer le client.

Un doute* ou **Un frein*** ou **Un intérêt***

Différents types d'objections

OBJECTIONS

Sincère non fondée	Sincère et fondée	Prétexte
Le client y croit mais elle est fausse	Le client y croit et elle est justifiée	Formulée pour se débarrasser du vendeur
« J'ai entendu dire que ce produit tombait souvent en panne. »	« C'est cher ! »	« Je vais y réfléchir. »

Le comportement du vendeur face à une objection

Donner une bonne impression au client

- Écouter l'objection
- Pratiquer l'empathie
- Avoir un regard franc
- Ne pas contredire son client
- Garder son calme
- Ne pas interrompre son client

Les techniques de réponse aux objections

La réfutation de l'objection, lorsqu'elle est réussie, permet au vendeur de poursuivre sa vente.

Le « oui, mais »	Accepter la réponse du client (par le « oui ») et la reformuler en mettant en avant une qualité du produit (le « mais »).
Le questionnement	Reprendre l'objection du client sous la forme d'une question afin qu'il précise sa pensée.
Le témoignage	Utiliser le témoignage d'une personne connue qui possède le produit.
L'affaiblissement	Relativiser l'importance de l'objection en montrant l'ensemble des avantages que procure le produit.
L'écran	Montrer au client que l'on tient compte de son objection et que l'on y répondra plus tard.

Fiche Ressource 17

Rendement et rentabilité du rayon

Le manager rayon, en matière de marchandisage de gestion, utilise différents outils pour maximiser sa marge brute et son chiffre d'affaires.

L'indice de sensibilité, le coefficient de rotation, le rendement et la rentabilité sont autant d'outils à combiner afin d'améliorer les résultats du rayon. Pour être efficient, le chef de rayon doit comparer le rendement et la rentabilité du rayon et de chaque produit.

Le rendement et la rentabilité du magasin : Il s'agit de déterminer le CA HT ou la marge brute totale réalisée par un magasin par m².

RENDEMENT DU MAGASIN	RENTABILITÉ DU MAGASIN
$\frac{\text{Chiffre d'affaires HT total du magasin}}{\text{Surface du magasin}}$	$\frac{\text{Marge brute totale du magasin}}{\text{Surface du magasin}}$
Ces deux indicateurs permettent de mettre en évidence des évolutions dans le temps et de se comparer à un magasin équivalent ou à la concurrence. Grâce à eux, le magasin peut se fixer des objectifs et s'étalonner par rapport à son environnement.	

Le rendement et la rentabilité du rayon et du produit : Ces deux indicateurs sont utiles pour déterminer les performances de chaque produit et pour organiser le rayon de façon à ce qu'il soit le plus rentable possible.

RENDEMENT	RENTABILITÉ
DU RAYON	**DU RAYON**
$\frac{\text{Chiffre d'affaires HT du rayon}}{\text{LD du rayon}}$	$\frac{\text{Marge brute totale du rayon}}{\text{LD du rayon}}$
DU PRODUIT	**DU PRODUIT**
$\frac{\text{Chiffre d'affaires HT du produit}}{\text{LD du produit}}$	$\frac{\text{Marge brute totale du produit}}{\text{LD du produit}}$

Comment prendre des décisions en matière d'allocation du linéaire ?

Pour décider s'il faut modifier le linéaire accordé au produit, il est nécessaire de comparer le rendement ou la rentabilité du produit aux résultats du rayon.

- Rendement (ou rentabilité) du produit > Rendement (ou rentabilité) du rayon → Il faut augmenter le linéaire développé attribué au produit
- Rendement (ou rentabilité) du produit < Rendement (ou rentabilité) du rayon → Il faut diminuer le linéaire développé attribué au produit
- Rendement (ou rentabilité) du produit = Rendement (ou rentabilité) du rayon → Il ne faut pas modifier le linéaire développé du produit

Remarque : Avec cette méthode, le linéaire développé du rayon n'est pas modifié ; c'est seulement la répartition des produits en rayon qui change.

Fiche Ressource 18

Rentabilité d'une opération commerciale

Le commerçant réalise régulièrement des opérations commerciales. Son objectif est d'attirer une nouvelle clientèle ou de fidéliser sa clientèle existante.

Il est indispensable de mettre en évidence la rentabilité de ces opérations. Cela lui permettra de se fixer des objectifs de vente, de générer du trafic en magasin, de développer les ventes de certains produits et d'augmenter la marge brute du magasin.

Calcul du coût de l'opération

- Tenue du stand (main-d'œuvre)
- Location du stand et assurance
- Publicité (PLV, flyers...)
- Outils d'aide à la vente (tablette)
- Impact sur la marge (offre promotionnelle)
- Cadeaux distribués (produits, goodies...)
- Coût de dégustation

Marge brute unitaire dégagée

- L'opération commerciale porte sur un produit : Elle se calcule à l'unité PV HT – PA HT = Marge brute unitaire*
- L'opération commerciale porte sur plusieurs produits : Calculer un PV moyen et un PA moyen puis en déduire la marge moyenne

* Tenir compte de la baisse de la MB unitaire si la promotion porte sur les prix.

Marge brute unitaire dégagée

1. Calcul à réaliser : Coût total de l'opération / MB unitaire

   Cela procure le nombre de produits minimum à vendre pour rentabiliser les frais liés à l'opération commerciale.

2. Détermination de l'objectif minimal de vente en termes de CA HT :

   Nombre de produits à vendre x PV HT = CA minimal à réaliser pour commencer à faire des bénéfices.

Exploitation du résultat : Il est nécessaire de s'interroger sur le réalisme du résultat. Pour ce faire, il faut ramener l'objectif de vente en nombre de produits à vendre par jour. Si la quantité à vendre parait trop importante, soit l'action commerciale n'est pas mise en œuvre, soit il faut diminuer son coût ou soit on ne diminue pas le prix du produit.

Fiche Ressource 19

Concevoir une animation

Pour faire face à une concurrence souvent dynamique, le commerçant doit régulièrement entreprendre des actions pour augmenter le trafic en magasin et développer ses ventes.

Les animations possèdent de multiples qualités. Pour assurer leur réussite, il est nécessaire d'en fixer les objectifs et de procéder avec méthode.

Une multitude d'objectifs

- **Mettre en avant un produit, une marque**
- **Créer un lien avec la clientèle**
- **Attirer la clientèle habituelle ou nouvelle**
- **Renforcer l'image du PDV**
- **Augmenter le chiffre d'affaires à court terme**
- **Déstocker, liquider un stock**

Un ensemble de décisions cohérentes à prendre

Choisir une période	Choix réalisé en fonction du thème
Définir un rétro-planning	Énumérer les actions à entreprendre dans le temps
Élaborer un budget	Comparer dépense envisagée et gain espéré puis décider
Choisir un emplacement	Stratégique, il doit être visible (réchauffer la zone froide, etc.)
Déterminer le personnel	En interne, des salariés ou des professionnels extérieurs
Définir les supports et médias	Affiches, PLV, flyers ; tout support mettant en avant l'action
Prévoir un stock adapté	Afin d'éviter la rupture de stock ou le surstockage
Respecter la loi	Respect des règles d'hygiène et la réglementation des prix

Dresser un bilan de l'action

Bilan de l'animation quantitatif et qualitatif → **Points forts**

Bilan de l'animation quantitatif et qualitatif → **Axes d'amélioration**

Fiche Ressource 20

Dépouillement d'un questionnaire

Le commerçant doit ponctuellement sonder sa clientèle afin de connaitre son ressenti et son degré de satisfaction. C'est une technique d'aide à la décision.

Dans le cas d'une étude par sondage, l'information n'existe pas en l'état. Il est nécessaire de la créer via un questionnaire. Le dépouillement doit être réalisé avec sérieux et méthode afin d'obtenir une information fiable à partir de laquelle le commerçant prendra les bonnes décisions.

Un vocabulaire à maîtriser

Administrer un questionnaire	Il s'agit de poser le questionnaire aux sondés sur le terrain
Dépouiller un questionnaire	Il s'agit de mettre en évidence les résultats du sondage
Tri à plat	Il s'agit du calcul des pourcentages question par question
Tri croisé	Il s'agit du croisement des résultats obtenus sur deux questions

Différents outils de dépouillement

Outils de dépouillement	Avantages	Inconvénients
« À la main »	Permet de mettre en évidence l'intérêt de l'informatique	Travail long, demande d'être très organisé ; s'il y a de nouveaux questionnaires, il faut refaire tous les calculs
Sur tableur	Rapidité de traitement de l'information, possibilité de rajouter des questionnaires et d'obtenir les résultats rapidement	Risque de perte de données en cas de bug
Avec un logiciel spécifique	Le logiciel, s'il est bien paramétré, fait tout le travail (Sphinx, Ethnos)	Coût élevé, suppose de sonder à partir d'une tablette, d'un ordinateur portable
Logiciels en ligne	Pratique, rapide, certains sont gratuits (Drag'n Survey et Google forms)	Suppose une inscription sur un compte et l'utilisation de l'outil informatique lors de l'administration

La procédure à respecter

1. **Numéroter les questionnaires**
2. **Codifier le questionnaire**
3. **Réaliser une grille de dépouillement**
4. **Saisir les réponses**
5. **Mettre en évidence les résultats**
6. **Sélectionner les résultats**
7. **Réaliser un compte rendu**

Pour gagner en efficacité, il est nécessaire de procéder avec méthode

Quelques conseils pour réussir l'étude de cas

◆ Comment se préparer ?

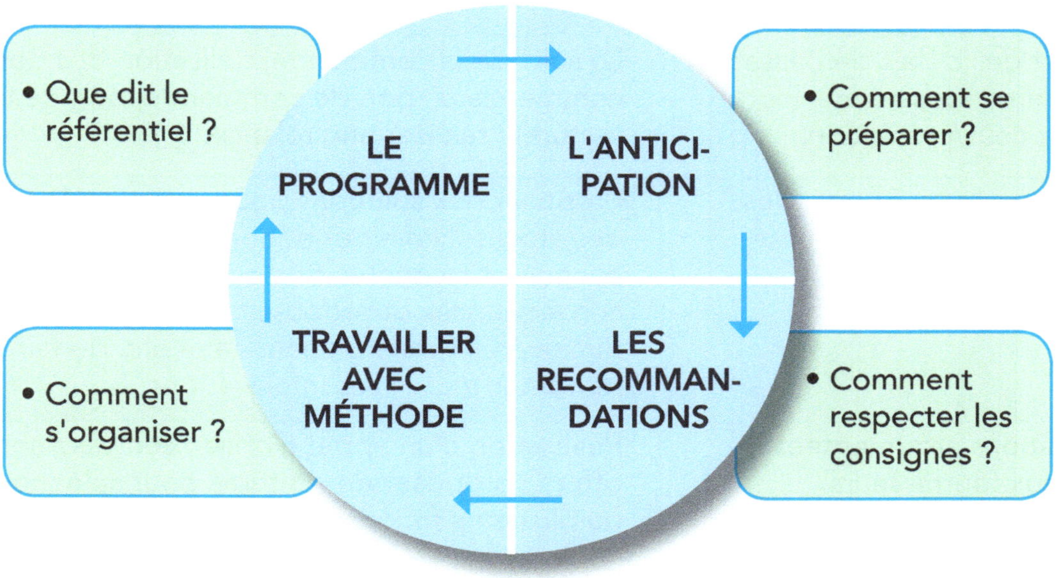

◆ Que dit le référentiel ?

Nom de l'épreuve	U2 : Analyse et résolution de situations professionnelles
Coefficient	4
Durée	3 heures
Nature de l'épreuve	Écrite et nationale
Type d'évaluation	Ponctuelle

Cette épreuve vise à apprécier l'aptitude du candidat à mobiliser ses connaissances et ses compétences en vue de l'analyse et de la résolution d'une ou plusieurs situation(s) professionnelle(s).

Cette épreuve évalue les acquis d'apprentissage liés au groupe de compétences :

4 A : Animer et gérer l'espace commercial.

Quelques conseils pour réussir l'étude de cas

Critères d'évaluation

CRITÈRES ÉVALUÉS	TYPE D'ACTIVITÉS À RÉALISER
Respect des délais de passation des commandes au meilleur rapport coût/prestation.	Le suivi de la commande, utilisation des documents commerciaux (bon de commande, bon de livraison, facture) ; réaliser une relance.
Réduction des ruptures, des surstocks et de la démarque.	Proposer des solutions pour optimiser la gestion des stocks. Définir et dénombrer la démarque connue et inconnue. Retrouver les causes, les conséquences et proposer des actions pour les diminuer. Réaliser un inventaire afin de faire remonter toutes ces informations.
Propositions argumentées de nouveaux fournisseurs.	Réalisation d'un appel d'offre ; comparaison des offres ; proposer des critères pour sélectionner un ou plusieurs fournisseurs.
Pertinence de l'utilisation des outils d'aide à la décision.	Proposer la méthode adaptée afin de prendre des décisions pertinentes. Pour ce faire, utiliser les outils adéquats : par exemple, des taux d'évolution, des indices de réalisation, le chiffre d'affaires, la marge brute et les objectifs de vente. Il est possible de proposer des outils informatiques, des logiciels de GRC, des logiciels de traitement de l'information.
Respect des recommandations du siège en matière d'aménagement de l'espace de vente.	Capacité à vérifier si le magasin suit les préconisations du siège et à indiquer toutes les anomalies présentes dans le magasin en terme d'aménagement.
Adaptation de l'aménagement en fonction des attentes des clients et/ou du contexte.	Proposer des modifications de l'espace de vente en fonction des demandes de la clientèle et des événements commerciaux. Ces modifications peuvent porter sur tout ou partie de l'UC.
Mise en place de facteurs d'ambiance appropriés.	Proposer, suivant la configuration du magasin et les actions commerciales entreprises, des facteurs d'ambiance adaptés. Réaliser une analyse critique des facteurs d'ambiance du PDV et être force de propositions.

Quelques conseils pour réussir l'étude de cas

CRITÈRES ÉVALUÉS	TYPE D'ACTIVITÉS À RÉALISER
Information sur le lieu de vente ou sur le site marchand conforme aux recommandations, visible, compréhensible et utile pour le client.	Analyser les points forts et les points faibles de l'ILV ou du site marchand. Présenter des opportunités à saisir par le magasin et des modifications à réaliser.
Respect des règles d'hygiène, de sécurité et d'économies d'efforts.	Soumettre des actions pour protéger le client, le personnel et les produits en magasin et en réserve. Observer et analyser des situations professionnelles.
Contribution aux actions commerciales engagées par l'entreprise afin de générer du trafic client.	Présenter des actions permettant de développer la fréquentation du magasin.
Cohérence des initiatives locales avec les objectifs, les produits, les cibles, les attentes du client et dans le respect des contraintes légales.	Adapter les décisions nationales sur le plan local afin de tenir compte des particularités de la clientèle et de la zone de chalandise.
Cohérence des choix des moyens d'information et de communication, avec les objectifs commerciaux et financiers.	Utilisation de médias et de supports adaptés à la cible et aux contraintes budgétaires.
Qualité des comptes rendus effectués.	Présenter des bilans adaptés (synthétiques, soignés, correctement formulés) à la suite d'une action commerciale.
Pertinence de l'analyse des résultats/performances.	Mettre en évidence les résultats d'une action, d'un rayon, d'un magasin dans un tableau de bord. Présenter les points forts, les points faibles mais aussi des axes d'amélioration avec des propositions cohérentes.

Forme de l'épreuve

L'épreuve prend la forme d'une étude de cas conçue à partir d'un contexte professionnel mettant en œuvre une ou plusieurs situations caractéristiques de la profession. Elle s'appuie sur des documents destinés à situer le contexte et nécessaires au traitement des différentes questions.

Quelques conseils pour réussir l'étude de cas

◆ Comment se préparer ?

Les exercices	Les synthèses	Les formules	L'investissement
Ils sont à faire (et à refaire) tout au long de la formation afin d'acquérir des compétences.	Elles doivent être relues avant les études de cas et à l'approche de l'examen.	Indispensables pour traiter certaines parties, elles doivent être assimilées.	S'investir en cours, cela permet de progresser et de se préparer à l'examen.

Le jour « J »

Mettre dans sa trousse, des stylos de différentes couleurs, plusieurs surligneurs, vérifier sa calculatrice (les piles).
Prendre sa convocation, sa carte d'identité et arriver à l'heure.

Il est normal d'être stressé face à un examen ; ne pas l'être pourrait signifier que vous ne prenez pas les choses au sérieux. Cependant, vous ne devez pas vous laisser submerger par le stress :

– la veille de l'examen : ne pas réviser jusqu'à minuit ou plus ! Se coucher tôt ;

– le jour « J » : prendre un vrai petit-déjeuner ou déjeuner correct (l'étude de cas peut se dérouler le matin ou l'après-midi) afin de rester en forme tout au long de l'épreuve.

◆ Comment respecter les consignes ?

Pour chaque question, utiliser le surligneur pour mettre en évidence les mots clés et les chiffres importants. Si vous recherchez deux informations distinctes, utiliser deux surligneurs de couleurs différentes.

Lisez bien la question. Reformulez-la afin de ne pas faire de hors sujet. Répondez aux questions en formulant des phrases simples et compréhensibles.

Soignez votre orthographe, votre présentation et écrivez lisiblement.

Utilisez un vocabulaire technique et professionnel dès que c'est possible.

Le surligneur, un atout majeur

Pratiquer la reformulation

Une phrase, une idée

Être attentif aux documents fournis

Quelques conseils pour réussir l'étude de cas

Identifier le travail demandé. Voici quelques exemples de questions posées dans ce type de sujet et quelques recommandations.

➢ *« Calculez les taux d'évolution puis commenter les résultats. »*
Cette question nécessite deux réponses. Une où le candidat procède aux calculs et une où il réalise une analyse des résultats qu'il a obtenus.

➢ *« Comparez les résultats obtenus par le magasin à ceux de l'enseigne. »*
Cela signifie que le candidat doit mettre en avant les forces et les faiblesses du magasin à partir des critères qui lui sont fournis.

➢ *« Analysez les performances du PDV. »*
Il est nécessaire de mettre en évidence les éléments positifs, les éléments négatifs et les axes d'amélioration.

➢ *« Commentez les résultats obtenus. »*
Lorsqu'ils sont nombreux, il ne faut commenter que les résultats les plus significatifs. Souvent les extrêmes. Par exemple, s'il s'agit de l'analyse du chiffre d'affaires d'un magasin par rayon, mettez en avant deux à trois rayons qui fonctionnent très bien et deux à trois qui paraissent en difficulté. Illustrez vos propos par des chiffres qui prouvent ce que vous avancez.

➢ *« Mettez en évidence les forces et les faiblesses du magasin en matière de gestion des stocks. Répondez à la question en concevant un tableau. »*
Le candidat doit concevoir un tableau (avec un encadré), dans le cas contraire, il risque d'être pénalisé.

➢ Pour certaines questions qui s'y prêtent, vous pouvez répondre sous la forme d'un tableau. Cela donnera de la clarté à votre propos.

➢ Si vous avez à calculer des taux d'évolution, pensez à mettre les signes appropriés aux résultats. Autant le signe « + » que le signe « – ».

➢ Si une question porte sur l'analyse d'une étude de satisfaction, pensez à additionner certains résultats afin d'obtenir des chiffres significatifs. Par exemple, le résultat à une question est de 32 % de très satisfaits et de 42 % de satisfaits, il est conseillé d'affirmer que 74 % des sondés sont satisfaits.

➢ Lorsqu'une analyse porte sur plusieurs critères, vous devrez répondre sur tous les critères. Utilisez des tirets pour chaque critère ; vous montrerez que vous êtes organisé et vous aiderez le correcteur.

Quelques conseils pour réussir l'étude de cas

➢ Vous aurez à formuler des propositions afin d'améliorer un service, une implantation, développer un chiffre d'affaires notamment. Attention à bien réaliser des propositions réalistes et pertinentes. Par exemple pour augmenter un chiffre d'affaires, proposer de baisser les prix des produits n'est peut-être pas la bonne solution. Surtout lorsque l'on sait qu'une telle pratique fait baisser la marge et peut être préjudiciable en matière d'image auprès du client. Il vaut mieux proposer un nouveau service, amplifier la formation des vendeurs ou renforcer la relation client.

➢ Lorsque l'on vous demande de réaliser un nombre défini de propositions ; n'en proposez pas moins et si vous n'êtes pas sûr de l'une de vos propositions ; osez en proposer une supplémentaire.

➢ Utilisez votre brouillon avant de répondre aux questions.

➢ Pour justifier une analyse, proposez toujours des chiffres pertinents.

➢ On vous demande parfois de réaliser une analyse en valeur ou en volume. Attention ce n'est pas la même chose. En valeur signifie en argent, en euros alors qu'en volume signifie en quantité.

➢ Lorsque vous réalisez une proposition, servez-vous de votre expérience. Lors de vos PFMP, vous avez peut-être vécu une situation similaire. Comment votre tuteur a-t-il réagi ? Quelles décisions ont-elles été prises ?

Le respect des arrondis pour les calculs

Il est nécessaire de rechercher systématiquement les consignes portant sur les arrondis dès qu'il y a des calculs à réaliser. Attention parfois dans le même tableau, il peut y avoir, d'une colonne à l'autre, des consignes d'arrondis différentes.

Pour rappel, en matière d'arrondis :

	Arrondir à l'entier le plus proche	Arrondir à un chiffre après la virgule	Arrondir à deux chiffres après la virgule	Arrondir à trois chiffres après la virgule
5,7528	6	5,8	5,75	5,753
5,4949	5	5,5	5,49	5,495
6,0999	6	6,1	6,10	6,110
8,2239	8	8,2	8,22	8,224
4,8697	5	4,9	4,87	4,870

Quelques conseils pour réussir l'étude de cas

◆ Comment s'organiser ?

IDENTIFIER	L'entreprise objet de l'étude de cas.
LIRE	L'introduction en surlignant les éléments importants : date de création du magasin, chiffres clés (CA, surface), la concurrence et les événements importants.
PRENDRE	Connaissance du nombre de parties et des thèmes abordés.
VÉRIFIER	Que le sujet est complet.
CLASSER	Les documents et les annexes avec les différentes parties. Pour ce faire, dégrafer le sujet.
ÉVALUER	Le travail à faire avant de démarrer afin de gérer son temps efficacement. Utiliser 20 minutes pour lire l'introduction, trier les documents et les annexes et pour se relire. S'il y a quatre parties, il est nécessaire de passer à une autre partie toutes les 40 minutes en moyenne.
COMMENCER	Par la partie que vous maitrisez le plus afin d'engranger le maximum de points.
RESTER	Concentré tout au long de l'épreuve.

numérique
Impression & brochage - France
Numéro d'impression : N19297230218 - Achevé d'imprimer : mars 2024
Dépôt légal : mars 2024